AGILE EXCELLENCE FOR PRODUCT MANAGERS

A Guide to Creating Winning Products with Agile Development Teams

敏捷产品开发

产品经理专业实操手册

[美] 格雷格·科恩（Greg Cohen）著
陈秋萍 译

電子工業出版社
Publishing House of Electronics Industry
北京·BEIJING

版权贸易合同登记号　图字：01-2019-3422

图书在版编目（CIP）数据

敏捷产品开发：产品经理专业实操手册 /（美）格雷格·科恩（Greg Cohen）著；陈秋萍译. —北京：电子工业出版社，2021.9

书名原文：Agile Excellence for Product Managers: A Guide to Creating Winning Products with Agile Development Teams

ISBN 978-7-121-41499-2

Ⅰ. ①敏… Ⅱ. ①格… ②陈… Ⅲ. ①企业管理－产品管理 Ⅳ. ①F273.2

中国版本图书馆CIP数据核字（2021）第156709号

责任编辑：袁桂春
印　　刷：三河市鑫金马印装有限公司
装　　订：三河市鑫金马印装有限公司
出版发行：电子工业出版社
　　　　　北京市海淀区万寿路173信箱　　邮编100036
开　　本：720×1000　1/16　印张：10　　字数：130千字
版　　次：2021年9月第1版
印　　次：2021年9月第1次印刷
定　　价：55.00元

赞　誉

格雷格·科恩通过一个令人信服的案例，来说明为什么敏捷对产品经理来说是一个福音，并且就如何利用它在市场上取胜提出了敏锐的见解。希望进行变革的产品经理有必要读一读这本书。

——吉·汗，Intuit高级产品经理

关于敏捷的书有很多，但它们主要是从开发的角度来解释的。这本书提供了产品管理专业人员如何融入敏捷框架的独特视角，并描述了如何将敏捷和产品管理结合在一起。格雷格·科恩提供了关于成为敏捷产品经理的综合论述。

——伊万·沙利夫，Alterian产品营销总监

如果你觉得向敏捷过渡令人生畏，那么请阅读这本书。格雷格·科恩列出了迈向成功的必要步骤。

——阿娜尔·田切，VMware高级产品经理

这本书是关于与敏捷团队合作的实用建议的宝库，这些实用的建议可立即应用。

——杰夫·史密斯，Vizu解决方案副总裁

今天的公司需要对市场机遇、竞争动态和客户需求做出响应。敏捷方法可以帮助你实现目标，这本书将向你展示如何做到这一点。

——戴夫·卡雷尔，SuccessFactors产品营销副总裁

序

作为产品经理，我们可能非常繁忙。我们总是有很多事情要做，有互相竞争的多个优先事项，以及需要关注各种各样的成员。确保产品的一切都到位以使产品成功、客户高兴，可能是一项艰巨的任务。在处理所有这些事情的同时，我们还必须确定客户的真正需求及开发工作的优先顺序。这意味着我们要高效地利用时间与客户交互、追踪竞争对手、监控趋势，并从销售、支持、运营和其他部门收集信息。

由于要承担所有这些责任，因此我们必须学习一种与团队合作的新方式，这似乎有点儿令人望而生畏。然而，多年来在产品管理行业发生的所有变化和改进中，可能没有一种方法像敏捷开发这样产生过如此大的影响。随着敏捷开发在工程中迅速被采用（并且在许多情况下是强制性的），我们也必须随之调整我们的专业方向来适应它。我们需要学习新的技能才能获得成功。

好消息是，敏捷可以使产品管理成为更有回报的工作。它可以帮助你快速地为客户提供有价值的新特性。它可以帮助你快速地解决团队问题。它可以使你的团队更可靠。它可以帮助你更加专注于生产客户喜爱的优质产品。

另一个好消息是，向敏捷过渡并不像看起来那么难。这本书将为你提供实现目标所需的知识和见解。

布莱恩·劳利（Brian Lawley）

280集团首席执行官兼创始人，

《成为产品管理专家》（*Expert Product Management*）

和《杰出产品经理》（*The Phenomenal Product Manager*）的作者

前　言

本书是为正在过渡到与敏捷开发团队合作的产品经理，以及正在寻求组织和领导方法的产品负责人和项目经理而写的。我尝试通过产品管理的镜头来描述敏捷，包括敏捷如何为将产品推向市场提供帮助。虽然理解本书内容并不需要对产品管理有深入的了解，但如果你具有基本的产品管理技能会更好。此外，由于本书面向产品经理，因此我尽可能地让内容保持简洁和实用。我知道产品经理很忙，并且受到很多相互竞争的目标的影响。我的目标是，产品经理可以在去拜访客户的三小时的飞行旅途中一次性读完本书。

2001年我第一次接触敏捷，这是一次释放自我的经历。它让我成为更好的产品经理。我能够在一个全新的有效性水平上管理风险，满足不断出现的需求，并且这种方式不会对开发团队造成破坏或引起士气低落。这是我职业生涯中最幸福的时刻之一。虽然在那个阶段我并不理解敏捷背后的理论，但我意识到，敏捷是为客户、公司和员工开发软件的更好方法。后来，随着我对敏捷理论的了解，我越来越清楚为什么传统的、串行的软件开发效果不好。

我希望本书接下来的内容能传达出我在最初使用敏捷时的兴奋之情。本书从产品管理的角度分享敏捷的基础知识，以便你可以支持你的团队、管理好你的产品，并立即获益。我也希望，通过知道可以从敏捷中获得什么，你能够确定你的团队是否表现不佳，并帮助团队改变现状。

本书将带你踏上敏捷之旅，首先从一万英尺（1英尺=0.3048米）的高空开始，概述了敏捷开发团队的工作方式，然后进行盘旋下降，揭示了产品经理在敏捷开发环境中工作的细节。我们最终在第6章降落，提供了关于敏捷如何入门及如何取得成功的逐步指导。本书会从不同角度谈及重要概念两到三次，以使你更深入地了解它们在敏捷开发中是如何相互作用的。

本书分为9章。在第1章，我们将定义敏捷开发，理解其原理，介绍它的工作方式，最重要的是，解释为什么它能给产品经理带来好处。在第2章，我们将深入研究一种流行的敏捷方法Scrum。在第3章、第4章和第5章，我们将以Scrum为例，从产品经理的角度看待敏捷的机制。我们将介绍如何管理发布、如何计划发布，以及如何变更你为团队提供的文档。在第6章，我们将逐步介绍你为敏捷入门和取得成功而需要采取的一切措施，包括你如何与营销和销售人员进行互动。

第7章将介绍团队如何围绕敏捷进行组织，以及如何确定团队绩效的障碍。第8章将探讨极限编程和精益软件开发方法，以便在实践中更加深入地理解敏捷。不管你的团队选择哪种方法，重要的是对它进行调整，使之支持你的产品和客户，同时也能适应公司的文化和团队的技能组合。这一章旨在帮助你了解实现敏捷的不同方法。最后，第9章将讨论敏捷如何协助进行整个公司范围内的流程改进、为不同类型项目寻找最适合的方法，并回顾前几章的要点。

你很容易认为本书主张Scrum优于其他敏捷方法，因为介绍Scrum花了很多篇幅。事实并非如此，在本书描述的三种方法（Scrum、极限编程和精益）中，我必须选择一种方法从头讲到尾。Scrum最适合此目的，因为其在流程上的严格定义及在开发方法上的开放性。另外，Scrum还包括一个明确定义的产品经理（也称产品负责人）的角色。读完本书后，你应该能够学习并使用任何敏捷方法。

我希望你会喜欢本书，并体会到我与敏捷团队一起工作时感到的满足感。此外，我希望通过你的努力和敏捷的帮助，你将比以往更快地为你的客户提供更高的价值。最后，我希望你将本书作为你的持续改进之旅中的一个路标。我们的开发团队、我们的公司及作为产品经理的我们，绝不能放弃开发更好的软件来满足我们的客户。

目录

第1章 为什么敏捷有利于产品管理

敏捷通常是由寻求更快地交付更好的软件的开发团队引入组织的。然而，这种变化有时会引起产品经理的焦虑。如果这正好描述了你的情况，那么你的焦虑是没有根据的。你的开发团队希望改进交付软件的方式，不鼓励并直接帮助他们是不明智的。敏捷是在产品管理及我们向客户提供其喜爱的产品的能力上最好的改进之一。

传统的软件开发

在研究敏捷之前，让我们先来看看传统的软件产品开发过程（见图1.1）。首先，公司必须考虑可能投资的所有产品，这个过程也被称为构思。接下来，公司筛选每个合适的想法和潜在的投资回报。经过筛选的想法将被进一步定义、设计、编码和测试。这个阶段通常被称为“瀑布式开发”，因为团队以连续的方式完成定义、设计、编码和测试四个阶段，并在开始下一个阶段之前完成前一个阶段。当该过程完成时，产品通常会被部署到有限的客户集上进行Beta测试，确认产品按设计运行且没有意外后果。一般在Beta测试中会发现问题，但只有最严重的问题才会被解决，因为每次变更都会增加将新错误引入系统并延迟产品交付的风险。一旦退出Beta测试，该产品即可用于生产。在此过程的每个步骤中，都会有决策关口或阶段关口，在这些关口，公司根据最新信息评估产品是否按计划推进，以及投资是否仍然有意义。在不同的公司，这些关口可以是书面批准的正式步骤，也可以是不太正式的检查。

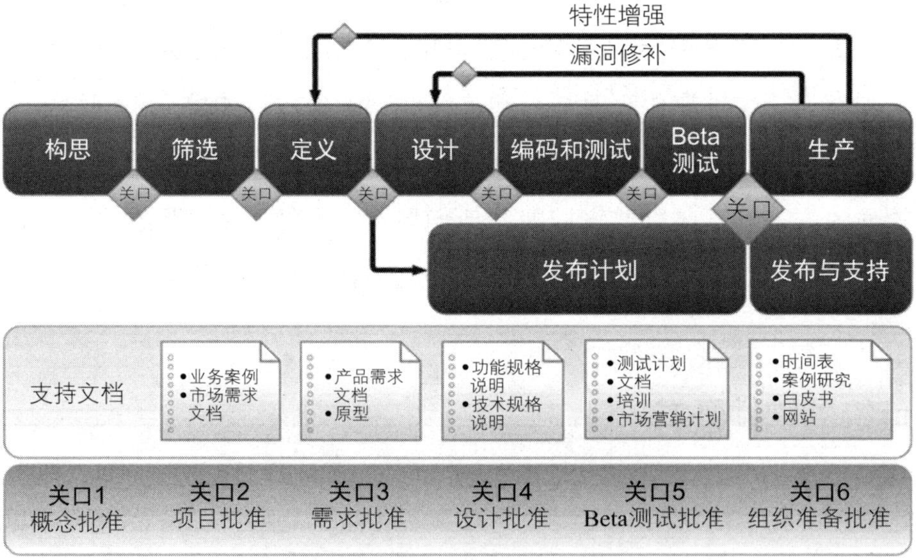

图1.1 传统的软件产品开发过程

一旦产品经过了定义阶段，接下来就很有可能投入生产。公司已经进行了足够的尽职调查，以确信了解了市场问题、市场机会、产品需要满足什么需求，以及将产品推向市场所需的投资。因此，当产品进入设计阶段时，发布计划与开发将并行发生，以进行产品定位、发布信息，以及制订内部和外部的沟通计划。

在不同阶段，都要创建文档以支持每个过程。这些文档包括业务案例、市场需求文档、产品需求文档、测试计划及其他附属文档等。这些文档用于在团队和公司内传播市场和产品信息、记录决策并改进决策。

在所有这些阶段中，产品经理发挥着核心作用。他与不同部门密切合作，确保按时交付产品并符合规格要求。他还要确保其他部门接受培训并随时准备为产品提供支持。最终，产品经理负责产品的商业成功。

变更的成本

有人告诉我，在传统的软件产品开发过程的早期阶段（如在定义或设计阶段），对项目进行变更的成本是比较低的——可一旦开发完全开始，变更的成本就会非常高昂，并且成本会随着产品进入测试和生产阶段而成倍地增加（见图1.2）。实际经验证明了这个说法。

当在开发阶段由于新信息或新的客户要求而对产品进行变更时，会产生多米诺骨牌效应。首先，该流程必须通过正式的变更控制，旨在确保团队中的每个人，尤其是开发人员和质量保证（Quality Assurance，QA）人员了解变更，并确保计划保持最新状态。这意味着要变更相应的文档并召开会议。其次，必须估计所需花费的时间，并且通常需要重新调整时间表。

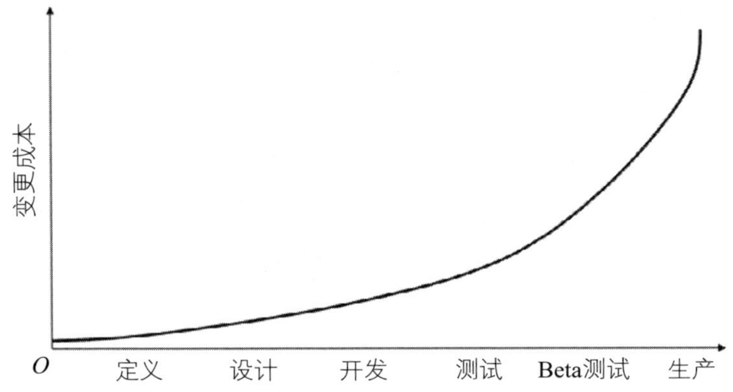

图1.2 传统软件项目的变更成本

开发复杂特性所需的工作量很难评估，衡量该特性对时间表的影响几乎是不可能的。很明显，这些变更导致开发团队进行了大量的重新设计和返工，在巨大的时间压力下，这种变更令人沮丧。

因为变更发生在项目后期成本是如此高昂，所以我投入了大量的时间和精力来收集需求信息并确保需求被正确定义。我还要预测系统的未来需求。这样，即使在产品的早期版本中不提供某个功能，产品的基础功能也能提供支持。此外，在我的脑海中，我永远不会放弃这样的想法，即第二个版本的发布不会晚于第一个版本发布之后的6~9个月。如果我认为用户在某个时间范围内需要某个功能，即使没有确凿的证据证明用户需要它，我也觉得自己有义务将其添加到发布中。

指数成本曲线隐含的要求是苛刻的。首先，提前做好每件事是很有挑战性的。用户并不总是知道他们想要什么，这也不是他们应该做的。即使使用案例分析和原型，也不可能找出所有可能的使用情况，除非将产品部署到实际环境中并在真实用户的背景下使用。此外，尝试这样做会促使产品经理做出错误的决策并养成不良习惯，包括猜测

（关于产品需要满足用户什么需求）和对冲（通过添加额外的、未经过充分研究的功能）。最后，即使产品经理能够完美地定义产品，市场也是动态的——在完成发布所需的6~18个月，目标将发生变化。

提出极限编程（Extreme Programming，XP）概念的肯特·贝克（Kent Beck）问了一个发人深省的问题："如果我们的成本曲线相对平坦（见图1.3），我们的表现会不同吗？我们是否会推迟决策直到我们获得更好的信息？我们是根据预计的未来需求而过度设计，还是只根据当前的需求进行设计和构建？我们能否为市场提供更多价值？我们能否更快地提供更好的软件？敏捷尝试改变变更成本方程式。"[1]

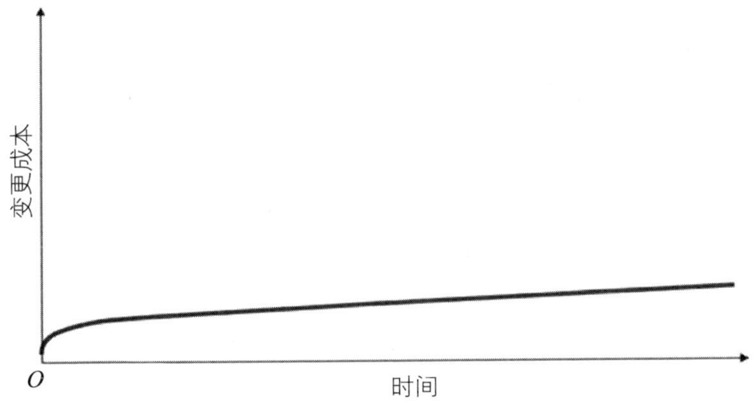

图1.3 具有平缓成本曲线的项目的变更成本

敏捷开发

敏捷开发是构建产品的另一种方式。敏捷不遵循定义、设计、开

1 肯特·贝克，《解析极限编程：拥抱变化》（*Extreme Programming Explained: Embrace Change*）第 21–24 页。

发和测试这样的线性路径，而是通过更频繁、更小的迭代来提供功能（见图1.4）。大型需求通过多次迭代并以小的“垂直”功能切片形式进行开发。每个切片里的功能有限，但都可以实现端到端工作，包括图形用户界面（Graphical User Interface，GUI）、应用程序逻辑和数据库。每个切片都必须提供商业价值。这与传统方法不同，传统方法可能看起来像在“水平”的切片中开发，一开始就设计，开发数据、逻辑和接口层，然后在项目后期再将它们集成起来，或者首先开发整个数据层，然后在数据层的基础之上再构建整个应用程序。在传统方法中，商业价值通常仅在项目的最后将软件组件集成起来时才能实现。

虽然敏捷开发改变了产品的开发方式，但并没有改变对完善产品管理的需求。公司仍需要一个良好的前期流程来优先考虑要投资在哪些想法上。公司还需要在市场中定位和区分产品。因此，产品经理的基本作用——代表开发中的客户声音，并确保构建正确的产品——保持不变。但是，通过敏捷，公司现在可以更快地响应市场并提供更高质量的产品。

此外，虽然产品是通过一系列小的迭代开发的，但这一点并不会改变发布周期。如果公司正常每六个月发布一次，实施敏捷之后公司可以选择维持该发布时间表。不同之处在于，它用小的迭代来开发发布的产品。例如，通过将每六个月的迭代周期组合起来进行发布。但是，你应该确认你的客户是喜欢更快、更小增量的发布，还是喜欢更大、更不频繁的发布。例如，如果你现在每年发布一次，能不能改成每季度发布一次，增加提供给你的客户的价值，并使你的产品在销售周期中更具竞争力？

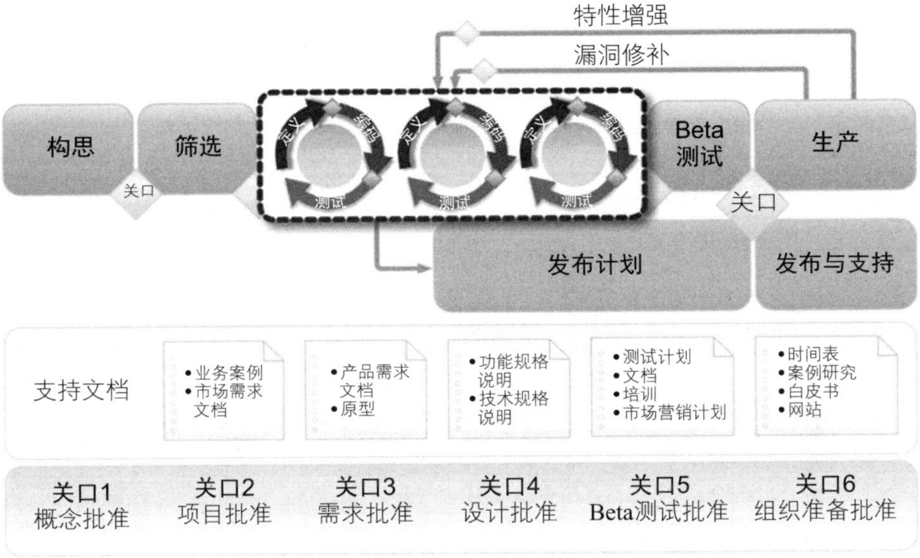

图1.4　敏捷开发通过多次小的迭代构建产品

如果你使用敏捷来更频繁地发布，那么你需要调整发布计划以适应变快的节奏。你可以选择缩短你的测试版程序或以完全不同的方式来进行。网络服务公司经常直接在它们的实际网站上部署测试版并让一部分不知情的用户试用。别的公司则让用户选择使用新版本。除了测试版，文档也要改变，产品管理与开发的交互同样也需要改变。

你能从中获得什么

为什么改为敏捷开发对产品经理有益？“我能从中获得什么？”你会问。产品经理能从与敏捷团队合作中直接受益，有三个高层次的原因：

- 项目的进度更具可见性，因为你是根据实际可以工作的软件而不是根据状态报告来跟踪项目的。
- 在开发过程中可以更灵活地处理变更，因为可以在每次迭代之前调整优先级。
- 更高的质量和更短的QA周期（在我采用敏捷的一个项目中，QA周期从两周缩短到四小时）。

质量提高是由于在整个开发过程中采取的三项措施：自动化单元测试、频繁集成及验收测试。由于自动化单元测试，后期变更和生产问题修复的风险降低。这可以提升你对产品的信心水平，并避免手动回归测试所需的长时间延迟。

你不仅能够看到发布的进度，还可以更透明地了解关于你所做变更的权衡。这两点再加上短迭代开发所带来的更高灵活性，你将更容易适应不断变化的优先事项并做出基于更多信息的决策。

最后，你能够构建更多正确的产品，更快将其交付市场，并取得卓越的成果（并且在你这么做的时候能获得更多乐趣）。

为什么是现在

有趣的是，敏捷并不是新鲜事物。事实上它自20世纪90年代以来就存在。以下这个问题值得一问："为什么是现在？为什么敏捷现在变得如此受欢迎？"

我会说这是因为传统的串行或瀑布式开发及我们试图控制软件开

发过程的失败，这么说可能会引起争议。虽然我知道瀑布式开发的拥护者有很多，但在我的经验里，它的效果就是不太好。此外，互联网和全球化对软件产业产生了深远的影响，增加了竞争的激烈程度，加快了变更的速度。如果你还是以每年或18个多月为一个周期发布产品，到你的下一个版本可用时，市场已经发生了变化。此外，随着软件即服务（Software as a Service，SaaS）、托管模型、托管下载和自我更新软件的出现，产品可以以更高的频率发布。因此，公司已经开始寻求开发软件的更好方法。敏捷满足这一挑战。即便如此，敏捷的最佳实践也在继续发展，包括与跨多个时区的分布式团队合作这一不变的挑战。

敏捷宣言

2001年，17名敏捷先锋队成员[1]聚集在犹他州雪鸟滑雪场讨论共同的主题。17名成员发布了《敏捷软件开发宣言》（以下简称《敏捷宣言》），并在其中阐述了敏捷的核心价值观：

我们一直在实践中探寻更好的软件开发方法，身体力行的同时也帮助他人。由此我们构建了如下价值观：

1 肯特·贝克（Kent Beck）、迈克·比德尔（Mike Beedle）、阿里·范·本尼库姆（Arie Van Bennekum）、阿利斯泰尔·考本（Alistair Cockburn）、沃德·坎宁安（Ward Cunningham）、马丁·福勒（Martin Fowler）、詹姆斯·格林宁（James Grenning）、吉姆·海史密斯（Jim Highsmith）、安德鲁·亨特（Andrew Hunt）、罗恩·杰弗里斯（Ron Jeffries）、乔恩·科恩（Jon Kern）、布莱恩·马里克（Brian Marick）、罗伯特·马丁（Robert C. Martin）、史蒂夫·米勒（Steve Mellor）、肯·施瓦博（Ken Schwaber）、杰夫·萨瑟兰（Jeff Sutherland）和戴夫·托马斯（Dave Thomas）。

个体和互动　高于　流程和工具
工作的软件　高于　详尽的文档
客户合作　高于　合同谈判
响应变化　高于　遵循计划

也就是说，尽管右边各项有其价值，
但我们更重视左边各项的价值。[1]

当思考该宣言的含义时，值得注意的是，早期的很多软件产品开发技术是在信息技术和定制软件开发的背景下提出的。所以客户合作意味着与你的组织中代表客户的人合作。在商业软件开发中，产品经理（有时候是商业分析师）通常是客户的代理人，代表客户在开发过程中的利益。

我们的产品管理也必须遵循《敏捷宣言》。在拥抱这些价值观时，我们必须了解它如何影响我们的行动及我们如何履行责任。让我们更详细地看一下《敏捷宣言》的核心价值观。

个体和互动——伟大产品的创造源于人类的努力。识别和理解客户问题，将技术和设计应用到解决方案中，并产生对解决方案的认识，这是很难的工作。有指导方针，但没有成功的秘诀。此外，这样的任务是无法由任何一个人单独完成的。相反，它需要一支经验丰富的专业团队一起工作。流程可以确保重要步骤不会被错过，但它永远不能取代团队成员在项目期间应用于数千个决策上的判断。当团队成员齐心协力、彼此坦诚相待并视团队目标高于个人野心时，才会有好的决策。产品经理对于维持一个具有凝聚力、目标单一的团队至关重

1　http://agilemanifesto.org/。

要。为此，产品经理必须营造一个好的环境，使每个团队成员的意见、贡献和个性得到尊重，并且成员之间可以进行开放而有意义的对话。

工作的软件——作为产品经理，我们的目标是生产能够让客户满意并满足其实际需求的产品。文档可以帮助实现这一目标，但文档本身不是目标。我知道我并不总是忠于这个价值观。我一直为在开发项目期间躲在文档后面转移责任而感到内疚。如果有任务没有按照规格说明要求编码，我会带着令人难以置信的神情说："我不知道它是如何被遗漏的——它就在产品需求文档的第164页上！"毫无疑问，有这种反应，一方面与我作为一名年轻的产品经理的不安全感有关，另一方面与黑箱式开发有关。这并不是说团队成员对我隐瞒了什么事情，或者不愿意向我展示他们已经开发好的东西。这只能说明整合很少进行，直到项目后期。在开发期间，团队没有任何东西可以展示给我，或者让我与之互动。我无法知道需求是否被正确定义、被误解或完全被遗漏，直到项目快结束的时候。此外，仅指出需求被记录在哪里几乎没有任何作用，因为我们作为一个团队失败了：我们错过了在客户眼中改进我们产品的机会。幸运的是，敏捷解决了这个问题，它用频繁发布的、可以工作的软件为有意义的对话提供了参考。

客户合作——在传统的串行软件开发中，需求和规格文档通常由团队、产品经理签署，或者由公司和客户签署。任何范围变更都需要额外的谈判、权衡取舍，并可能需要增加费用。这会形成一种对抗性的环境，促使公司优先考虑稳定性而不是构建正确的产品。因此，制订协商一致的计划可确保合同合规，但不会让客户或用户满意。合同合规是一个短期目标，要求一开始就要完全定义好产品，这是不切实际的。长期目标是要让客户满意，让客户给予好的推荐，这意味着要与客户一起合作，以理解客户需要的是什么，然后与开发团队一起合作，以理解什么是可能的。

响应变化——作为产品经理，我们投入时间与客户交谈，讨论他们的需求，观察他们如何使用我们的产品，或者了解在不使用我们产品的情况下他们如何解决问题。另外，我们以预发布的形式来验证概念、原型和软件。在每个阶段，客户都会对我们的设计意图有新的理解，我们也会吸取新的教训。我们知道变更是必要的，因此我们需要调整最佳实践，以适应产品开发过程中各个阶段的变更。与上述合同合规情况一样，遵循计划并不是目标。相反，我们的目标是提供可以工作的、能够解决客户问题的软件，甚至让客户因为软件的实用性而感到满意。

在墙上和会议室中张贴《敏捷宣言》。如果你发现自己或你的团队退回到传统的开发方式，就再看一遍宣言。《敏捷宣言》所体现的价值观将使你的团队保持稳定，朝着正确的方向前进。

敏捷的共同主线

敏捷开发不是一种单一的方法，而是一种开发理念。许多不同的方法都可以归到敏捷框架之下，包括Scrum、极限编程、动态系统开发、特性驱动开发、敏捷统一过程等。常见主题包括：

- 在短的迭代或时间范围内进行开发，通常是1～4周。
- 在每个迭代过程中团队要负责整个软件开发周期，包括制订计划、定义需求、分析、设计、编码、单元测试和验收测试，最终将产品展示给利益相关者。

- 严格的项目管理。
- 经常检查和调整。
- 自组织团队和跨职能团队之间的合作。
- 重视客户需求。

敏捷技术可以最大限度地降低项目的总体风险，让产品很快地适应变更。在每次迭代结束时，产品应该是可用的并且能够发布。但是，产品经理可能会决定将多次迭代进行合并，以保证产品新的市场发布具有足够多的新功能。

为什么敏捷有效

敏捷之所以有效，是因为它支持软件开发过程的4个关键领域：

1. 经验过程
2. 每日可见性
3. 信息社会化
4. 快速反馈周期

经验过程

先查看一个定义好的过程会更容易理解经验过程。定义好的过程就是定义的输入产生定义的输出的过程。这就是最初的制造模型。它是可重复的，并且是传统软件开发所假设的模型（见图1.5）。

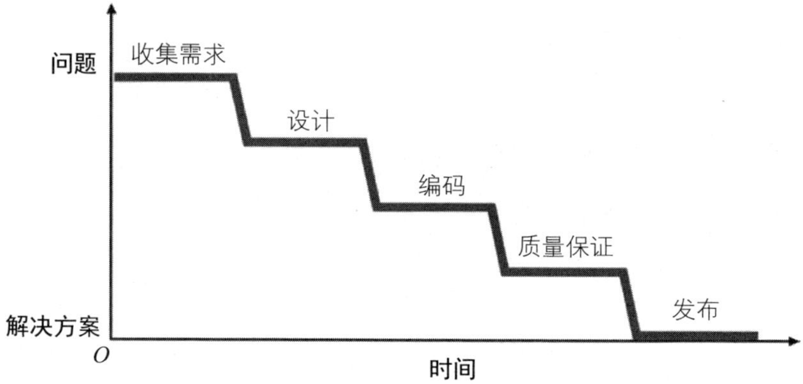

图1.5 传统软件开发所假设的模型

如果我把蓝图给世界各地的任意一个机器加工车间，那么我可以期望从所有机器加工车间获得匹配的产品。蓝图指定了材料、尺寸和公差。实际切割路径可能不同，但最终产品将大致相同。然而，如果我拿产品需求文档给10个不同的开发团队，生成的代码可能会执行类似的功能，但产品的外观和运行会有所不同，并且会沿不同的维度进行优化。而且，代码行数也会不同，编程语言也可能不同。这有点像让两位记者报道同一件事：尽管最终报道的事实应该是相同的，但风格和观点会有所不同。

相反，经验过程是非线性的，需要经常检查和调整。它非常适合需要研究和创新的新产品开发，研究和创新都是相对不可预测的活动。软件开发，包括需求收集与验证的产品管理步骤，最适合经验模型。[1]

1 肯·施瓦博和迈克·比德尔，《使用Scrum进行敏捷软件开发》（*Agile Software Development with Scrum*）第24—25页和第106—108页。

软件开发团队总是在创造新的东西。他们每次经历这个过程时，并不遵循一条输出都已定义好的直线路径。相反，团队在知识创造和问题解决过程中进行循环（见图1.6）。团队成员制定解决方案时，新的问题出现了，需要收集新的要求。有时候团队必须重新开始。有可能某个假设最终被证明是错误的，例如，可以获得完整、准确的数据来推动一个关键过程这样的假设。有时候环境会发生变化，有时候新技术出现了，这些都需要支持。有时解决方案在功能上是可行的，但性能很差。此外，你躲不开QA团队，他们总是能够找出一些需要解决的好问题。诸如此类的问题还很多。为适应这点，团队必须经常检查其进度并调整其计划。[1]

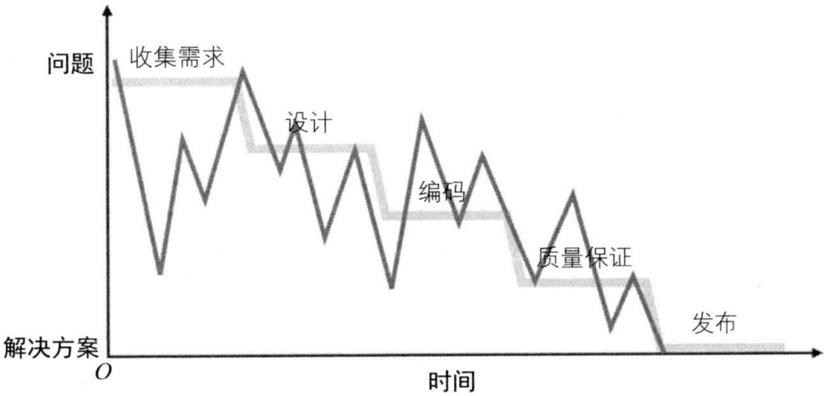

图1.6 软件开发遵循类似于新产品开发的经验过程

每日可见性

敏捷通过每日站会提高开发过程的可见性。在站会上，团队成员

1 史蒂夫·坦南特（Steve Tennant），“通过结构化的协作流程创建更好的产品”（在2009年3月14日于加利福尼亚州桑尼维尔举行的第二届年度硅谷P-Camp产品经理会议上发表）。

通过互相交流，了解彼此在做什么，以及他们是否需要帮助，并明确地提出障碍。因为这种会议是每天进行的，所以问题不可能被忽视。此外，每个开发人员都会在团队面前承诺自己下一步将要做的工作。在这个过程中，团队成员间建立了信任，并且团队内部始终保持开放、坦诚。

信息社会化

敏捷过程促进了信息的社会化。首先，如上所述，每日站会推动团队成员间建立信任。这创造了一个有利于分享信息的环境，即使信息是令人沮丧的。其次，由于团队成员每天聚会，分享他们的成就和计划，因此个人知识很快就会成为团队知识。[1]

快速反馈周期

快速反馈周期已经嵌入敏捷过程中。反馈循环加快了团队的学习速度，并支持软件开发所需的经验过程。有三个相互联系的周期：发布、迭代和每日站会。发布可能是一个比较长的周期，但迭代仅需1~4周，每日站会每24小时提供一次反馈。敏捷反馈周期与W. 爱德华兹・戴明（W. Edwards Deming）博士在他的质量控制工作中提出的计划、执行、检查和调整（Plan, Do, Check, and Adjust, PDCA）过程有很多共同之处：团队成员制定行动方案，执行行动方案，检查进度，并相应地调整方案。

1 肯・施瓦博和迈克・比德尔，《使用 Scrum 进行敏捷软件开发》第 111—113 页。

产品管理变得更好

回到本章的主题，敏捷对作为产品经理的你来说意味着什么？这意味着你的工作并没有改变，但你执行工作的能力得到了显著提高。作为产品经理，你应该做的一切仍然不变，包括进行市场调研和客户调研、创建人物角色和商业案例、进行艰难的权衡取舍、排列优先顺序、规划路线图、制定价格、创建销售工具并发布产品。但是，运用敏捷方法，你可以更快地获得反馈，更早地将调研结果包括进来，并尽快调整你的计划。你可以为客户提供更好的产品、更丰富的功能，而且错误更少。此外，你还可以缩短产品上市时间并加快产品的营收。

当然，你需要变更流程的某些部分以支持开发团队并利用敏捷的优势。这将在本书的其余章节介绍。我们首先将Scrum视为敏捷开发方法的一个示例，然后探索发布管理、发布计划、文档，以及实现卓越敏捷所需要知道的其他所有内容。

第2章 了解Scrum

我们将把Scrum作为敏捷开发方法的第一个示例，因为它应用广泛、高度结构化。无论你的公司选择何种方法，都适用相同的敏捷原则。在本章及整本书中，我将介绍通用的敏捷术语（如“迭代”）和相应的Scrum术语［如“冲刺”（Sprint）］。你还应该根据公司的文化、解决的问题类型及团队成员的个人技能来调整所选的方法。不过，在针对具体情况进行调整之前，请先尽可能地按照你为前几次迭代选择的方法运行。否则，你可能会无意中丢弃有益的做法。

Scrum是由杰夫·萨瑟兰、肯·施瓦博与迈克·比德尔等人在20世纪90年代中期提出的。萨瑟兰发明了许多方法，接着施瓦博将它们用于系统开发，随后比德尔加入了极限编程实践。施瓦博和比德尔在2002年通过他们的书《使用Scrum进行敏捷软件开发》进一步推广了Scrum。两位作者着手创建一种支持经验过程的方法，如本书第1章所述。他们的目标是实现100%～300%的生产效率提升、增加灵活性、降低风险并创造更好的工作场所。本章对Scrum的大部分描述都基于他们的书。我很感激他们对这个主题的精湛处理，并鼓励所有有兴趣学习Scrum的读者读一读这本书。

Scrum概述

Scrum实际上是一种项目管理方法。需求被保存在产品待办事项列表（Product Backlog）中，按业务价值划分优先级，你可以在图2.1的左侧看到。产品待办事项代表要对产品执行的所有工作，包括客户请求、新特性、可用性增强、错误修复、性能改进和重构等。

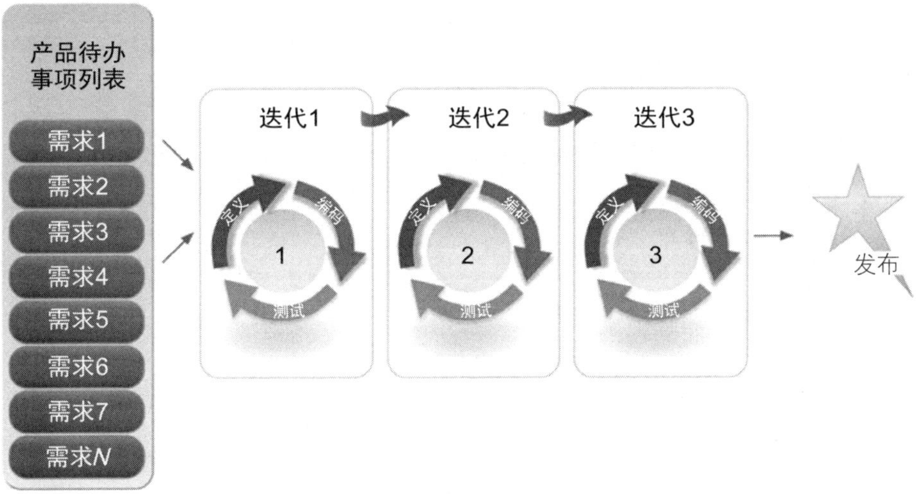

图2.1 Scrum的鸟瞰图

产品待办事项列表的右边是时间框或迭代，在Scrum中，这些被称为“Sprint”，通常持续2～4周，具体取决于产品或服务。项目按优先顺序从待办事项中取出一些事项，在当前迭代中处理。待办事项的优先级随时可以重新调整，可一旦需求开发完毕——这意味着它已被置于迭代中——它就不再存在于产品待办事项列表中且无法更改。

在Scrum中，存在一个被称为产品负责人的团队职位。在商业软件开发中，产品经理通常承担此角色。产品负责人管理产品待办事项列表中各待办事项的创建和优先级。如果产品管理连续不断，那么待办事项将被认真思考，并映射出产品的愿景及公司的战略目标。

随着需求向产品待办事项列表的顶部移动，产品负责人会为这些需求添加更多详细信息，并且开发团队会估算所需的工作量。因此，对于列表中较低位置的事项，可以使用如“可伸缩性”和“外语”支持的占位符，这可能是非常大的需求并且需要进一步定义。这样，产品负责人可以跟踪产品的关键需求，并使用产品待办事项列表组织自己的工作。然后需求必须被完全定义以将其包含在Sprint中。

这个简单的待办事项系统和敏捷的迭代方法构成了一个功能强大的整体系统，使团队能够前进并从执行、测试和分享中学习，而不必因为等待发布中所有需求百分之百清晰而停滞。首先，团队只需要为第一次迭代或Sprint定义足够的待办事项。这为下一个Sprint进一步开发更多待办事项和细节提供了时间。这并不是放弃前期需求收集的借口——敏捷在这种情况下所能做的就是让你更快地得到错误的答案。然而，它可以让团队在项目还在细化的时候就开始前进。

对于网站和托管应用程序，迭代可以等同于发布。对于内部部署的软件或SaaS产品，用户无法快速吸收变更，多次迭代将被组合起来发布，发布的频率较低。无论每个Sprint是在完成时发布还是组合成更大的版本发布，每次迭代仍然是可以发布的，这意味着它是可以正常运行并经过测试的。

一次迭代

一次迭代通常持续1～4周，并且有4个不同的阶段（见图2.2）。

1 计划

2 开发

3 审核

4 回顾

在计划阶段，选择要在迭代期间开发的产品待办事项，并制定迭代目标。在开发阶段，为迭代选择的每个需求都要经过定义、编码和两种类型的测试。编写自动化单元测试以确认新代码按设计工作。自动化单元测试还确保“需求2”不会破坏“需求1”或其之前的任何其他内容——迭代开发的必要条件。单元测试完成后，就会进行验收或业务测试，以确认满足用户的功能需求。

在开发阶段，还会举行每日状态会议，称为每日站会。在这一会议中，每个团队成员都会陈述他们前一天完成了什么、他们今天要完成什么，并指出任何现有或可预见的障碍。问题将在其他会议中解决。

当迭代接近完成时，将与所有利益相关者举行审核会议，会上演示新软件并就新软件及其已开发的功能收集反馈。最后一个阶段，即回顾，是团队的事后调查分析，讨论如何改进这一流程。

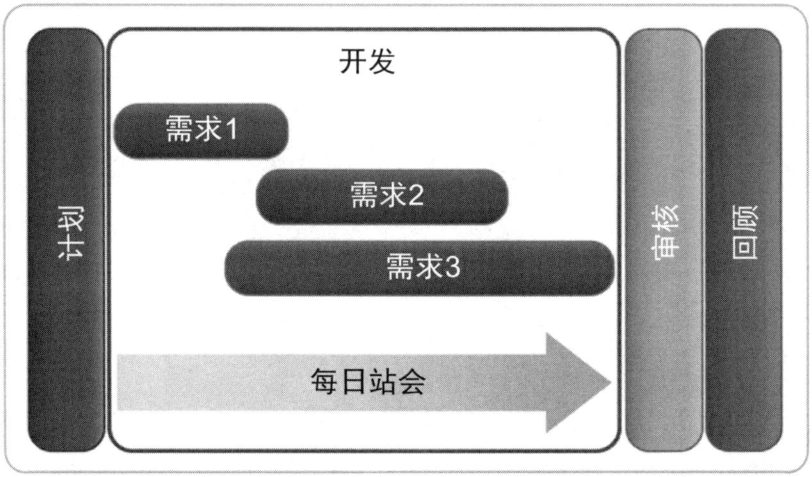

图2.2 迭代或Sprint

Scrum团队

Scrum团队承诺在Sprint内可以实现的目标，除了团队成员，没有人可以做出这样的承诺。Scrum团队共同负责分析、设计、编码、测试及编写内外部文档。实现Sprint目标是团队中每个人的跨职能工作。成员在公司内拥有头衔，但在团队中没有头衔来标识团队的等级结构。团队成员要运用其全部技能和专业知识来解决问题。团队完全是自组织的。

Scrum团队成员包括Scrum大师、产品负责人和开发人员。这是Scrum团队的核心角色。其他成员包括QA工程师、技术编写人员、数据库管理员、系统管理员、用户体验（User Experience，UX）设计人员、交互工程师，以及其他任何对创建产品非常重要的人员。Scrum团队也可以有兼职成员。他们必须参与Sprint目标实现的承诺，因为他们也在团队中，只有团队成员才能实现目标。

团队通常由5～9名成员组成。团队可以少于5名成员，但不应超过9名或10名，超过这个规模的话，团队的动态发展和沟通往往会趋于崩溃。如果需要扩大规模，最好添加更多团队，而不是在一个团队中添加更多成员。

还应该注意的是，有些人将“Scrum 团队”和“团队”区分开，前者包括Scrum 大师和产品负责人，而后者不包括。

Scrum大师

Scrum大师的作用是让团队保持最高的生产力水平。Scrum大师与Scrum团队和产品负责人制订迭代计划。此外，Scrum大师要确保遵循Scrum流程并根据预期检查进度。他担任团队的教练或引导者，帮助成员解决问题，消除阻碍他们前进的障碍，并学会自我管理。他负责引导审核会议和回顾会议。

Scrum大师可以是团队中的开发人员。有些公司更喜欢专职的Scrum大师，这意味着该人不编程。如果开发人员兼任Scrum 大师，他不应该承担本团队之外的职责。专职的Scrum 大师可以管理2～3个团队，但随着团队数量的增加，其效率会下降。

产品负责人

产品负责人的使命是代表客户。因此，他负责管理产品待办事项列表，特别是需求的优先级。他还必须随时回答团队成员提出的问题。因此，产品负责人最好与开发人员在一起。

产品负责人有责任使产品待办事项列表在组织内是可见的，并且他必须从团队成员和利益相关者那里获得意见，这一点很重要。在计划会议上，产品负责人帮助制定每个Sprint目标。团队只接受产品负责人的指令。组织中的人必须尊重产品负责人的决定，如果有人想要改变优先级，他必须经过产品负责人的同意。产品负责人的角色不能由一个团队来承担。该角色必须由一个人承担，以免团队接收到相互矛盾的信息。

在商业软件开发中，产品负责人通常是产品经理。担任此职位的还可能是业务分析师和技术产品经理。对于内部IT项目，产品负责人实际上可能是部门主管或实际的最终用户。

Sprint计划

Sprint计划涉及两次会议。第一次会议是决定要构建什么，第二次会议是确定如何构建。

要构建什么

第一次会议的参会者包括产品负责人、团队成员，也可能包括管理层、客户和其他利益相关者。产品负责人通过回顾产品的愿景和上一个Sprint的进展来引导讨论。这为与全局相关的即将到来的迭代提供了背景及相关信息。接下来，产品负责人将讨论产品待办事项列表中需求的优先级，以及即将推出的Sprint中应包含的内容。这是对待办事项进行重新排序并影响哪些事项将进入下一个Sprint的最后机会。

然而，现在不是就优先事项进行辩论的时候。产品负责人应该已经在会议之前与团队成员、利益相关者等进行了交流并收集了有关优先事项的反馈。但如果出现了新信息，现在就应该考虑它及其对下一个Sprint的影响了。

然后，产品负责人会帮助制定Sprint目标，该目标将团队锚定在迭代的总体目标上，并允许团队超越单个需求来看待全局。Sprint目标还为团队实现目标提供了余地。这一会议还定义了文档，以及为了使Sprint被视为“完成”而需要交付的其他任何内容。

如何构建

第二次会议的参会者包括团队成员和任何受邀专家。Scrum 大师引导讨论，如何将选定的产品待办事项转换为可工作的软件。然后，团队将编制一份任务清单来实现此目标并满足Sprint目标。

每项任务应该涉及4～16小时的工作。任务清单被称为Sprint待办事项列表。因此，产品待办事项列表中的需求可能是“创建应用程序接口（Application Programming Interface，API）层以访问购买数据”，相应Sprint待办事项列表中的任务可能是“将购买数据元素映射到数据库”。有时只能先创建部分Sprint待办事项列表，如必须设计架构时。该团队将在稍后重新召开会议，以便在适当的时候创建剩余的任务项。

此外，团队负责Sprint待办事项列表，只有团队可以变更它。迭代开始后，如果团队成员确定他们承担的任务超出Sprint所能处理的范围，那么团队将与产品负责人合作以缩小范围。首先，他们将研究在满足Sprint目标的同时可以从迭代中删除的内容。如果做不到这点，他们将与产品负责人合作修改Sprint目标。

每日站会

每日站会——或所谓的每日Scrum——是团队的15分钟同步会议。在这次会议期间，每位团队成员陈述3件事：

1 前一天他完成了什么

2 在下次会议之前他将完成什么

3 他面临的任何障碍

所有团队成员必须亲自或通过电话参加此次会议。即使不是所有成员都在场，会议也应始终在同一个地点、同一时间按计划开始。电话应在会议开始之前就拨入。

此次会议的目的是让团队成员了解情况，让他们了解需要解决的障碍，促进快速决策，避免再次召开其他会议。每日站会也有助于促进团队成员之间的合作。非团队成员可以参加，但不允许发言，应该站或坐在外围。

理想情况下，召开会议的房间应该有白板纸、扬声器和门，门可以关上，避免外部干扰。但是，椅子是非必选项，这就是团队称之为

“每日站会”的原因。如果你的团队有足够的勇气放弃椅子，你会发现会议将更加有效并且能够准时结束，因为没有人愿意一直站着。

当每个团队成员陈述这3件事情时，Scrum 大师或其他团队成员会将障碍记录在白板纸上，让所有人都可以看见并且不会忽略。如果障碍清单不断被拉长且障碍未得到解决，那么可能是团队没有获得成功所需的组织支持。在这种情况下，团队可能会考虑取消Sprint，或者要求Sprint终止，本章末尾将对此进行更详细的介绍。

反馈和单元测试的作用

在Sprint的开发阶段，团队举行每日站会，实时更新Sprint待办事项列表，或者至少每天更新一次，并执行软件的每日或频繁的构建。这一切都提供了对Sprint进展的快速反馈和可见性。为了维持这种快速反馈周期并支持频繁构建，敏捷团队依赖单元测试。

单元测试是由工程师编写的用于测试代码的低级测试。单元测试的目的是避免代码中缺陷的累积，并确保每次迭代和新需求不会破坏系统。此外，单元测试支持重构，这是重写代码而不改变其行为的过程。这样做通常是为了提高测试的简单性和灵活性。

一些团队使用测试驱动开发（Test Driven Development，TDD），即工程师在编写功能代码之前先编写测试代码。这类似于产品经理在编写产品需求文档之前先创建大纲。提前编写测试代码会强制团队在编码之前围绕问题和边界情况进行思考，并且提供了明确的度量标准来确定编码何时“完成”。验收测试也必须通过才算真正完成。

此外，单元测试必须以百分之百的合格率运行，并且不能推迟。如果存在单个失败的测试，则团队会在继续执行下一个Sprint待办事项任务之前对其进行修复。因此，单元测试与功能测试或验收测试不同，后者是业务或客户驱动的。在功能测试或验收测试中，测试可能会失败，产品经理必须判断是否可以带着已知问题发布软件。

Sprint审核

Sprint审核是迭代结束时的一次信息会议，由团队介绍Sprint期间构建的内容。与会者可以包括管理人员、用户和客户，以及其他工程师。Scrum 大师或产品负责人通常会在会议开始时概述Sprint目标，以及针对该目标的进度。会议通常会持续2～4小时，因为这是一次非正式会议，所以团队的筹备时间不应超过2小时。许多团队甚至有“禁止使用幻灯片”规则。

与每日站会不同，Sprint审核是一次工作会议。强烈建议提出意见、进行评论和有限的讨论，如有必要，应将解决问题推迟到下一次会议。在早期版本的Scrum中，特别是对于内部开发项目，作为用户或客户代表的产品负责人是本次会议的与会者，而不是演示者或推动者。对于商业软件开发项目，或者在产品负责人是产品经理的项目中，产品负责人需要更深入地参与迭代，并且应该在审核会议之前知道构建的内容。产品负责人需要利用这段时间来确保所有参与者了解构建的内容，以及优先级是否已发生变化。审核会议的结果将指导下一次Sprint计划会议。

Sprint回顾

在Sprint审核会议之后，团队要参加Sprint回顾会议。这是一个1～3小时的会议，讨论在上一次迭代期间进展顺利的内容，以及可以改进的内容。Scrum 大师在此讨论中充当引导者，指导团队检查他们的流程并进行调整。

产品负责人传统上不参加此会议，因为产品负责人是用户或客户的代表。但在商业软件开发中，产品管理与开发之间的接口对成功至关重要，必须加以重视。产品经理在会议中应该有时间审核和头脑风暴与开发团队有效协同工作的方法。Scrum和敏捷涉及频繁的检查、调整和持续改进，产品管理需要有人在此过程中发表意见并有机会进行改进。

Sprint终止

在极少数情况下，需要取消Sprint。这被称为Sprint终止。如果Sprint目标过时，管理层可能会取消Sprint。这可能是由于战略转变或开发了更成熟、更具竞争力的产品。

团队也有权取消Sprint。这种情况发生在：①新信息出现，如团队了解到工作量超出预期，团队无法实现或修改Sprint目标；②团队遇到了无法消除的障碍；③管理层插手Sprint并试图改变优先级。

没有人想要终止Sprint。但如果一个团队意识到出于任何理由都无法实现Sprint目标，那么终止Sprint将是最终的应变计划。除了实际项目被取消的情况，Sprint终止之后是新的计划会议和新的Sprint目标的设置。

我们已经讨论了Scrum的基本机制。在此基础上，我们将在接下来的两章中讨论从产品经理的角度扩展到发布管理和发布计划。Scrum将继续作为用于说明这些原则的方法。

第3章 发布管理

一次发布包含一次或多次迭代。在第2章，我们讨论了Scrum迭代——Sprint——的细节。我们现在将研究如何管理迭代和发布，并在第4章研究如何计划发布。在进入这个阶段前，假设你已制定了产品路线图。产品路线图应该传达你希望产品做什么以及何时做。此外，产品路线图应该以你的产品战略为依据，而产品战略又应以企业战略为依据。

如果你还没有这样做，请将产品路线图划分为几次发布。接下来，为每次发布要包含的特性创建产品待办事项列表。在此之后，与开发团队合作，将即将发布的（或当前的）版本划分成一系列Sprint。从这里开始，开发团队创建实现即将到来的Sprint所需的任务。这些任务在Sprint待办事项列表中进行汇总，并在每日站会上讨论状态（见图3.1）。

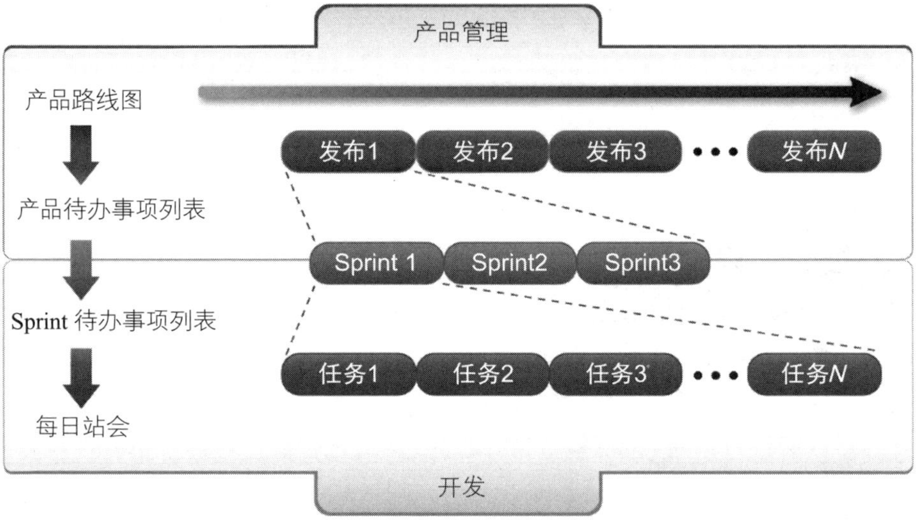

图3.1 敏捷发布概述

确定需求的大小

产品待办事项列表中的需求通常以用户故事的形式编写，即以简单的业务语言编写一句话或两句话的软件需求。因此，可以将产品待办事项列表视为用户故事的优先级列表。电子商务网站的故事示例可能如下所示：

作为产品经理，我希望能够在顾客结账时指定要交叉销售的产品，以使平均订单量增加。

用户故事在第5章中介绍文档时进行了详细介绍。目前，我只是想介绍这个概念，以便我们可以讨论它与确定需求大小和发布管理的关系。

开发团队在产品待办事项列表中估算每个故事的大小。它是对每个需求的相对工作量或复杂性的粗略估计。通常的度量单位是故事点，但我用过“松露鱼”，也见过团队使用“豆形软糖”。之所以有这些天马行空的度量单位，是为了表明估计的是相对大小，而不是以小时或天为单位定义的绝对大小。因此，预估为10个故事点的特性所花费的时间是预估为5个故事点的特性所花费时间的两倍。

有时，开发团队需要先进行研究，然后才能估计故事的大小。在这样的情况下，你会创建一个研究故事，有时被称为“尖峰”（Spike）。该研究有一定时间限制（以小时为单位），并作为要完成的任务包含在发布中，这与其他非故事性工作（如文档）类似。故事的实际实施将被推送至下一个或更晚的发布中。研究可能包括探索不同的技术、原型设计或对不同的实施进行测试。最重要的是，研究是在其他优先事项的背景下进行的，它有一个明确的行动计划，并且有一个围绕该计划的时间表。

管理速度和跟踪发布

估计了每个故事的大小之后，团队现在可以确定其速度。速度是团队在一次迭代中完成的工作量。速度应该用与需求大小相同的度量标准来衡量。对我们的例子来说，速度将用故事点来度量。在每个迭代结束时，通过计算已完成需求的故事点来计算速度（只完成一部分的需求或故事不计入速度）。通过这样做，我们现在知道了我们的吞吐量（单位时间内完成的特性），在敏捷中则转换为团队在每次迭代中可以开发产品待办事项的多少故事点。然后用速度来跟踪进度的快慢和度量计划完成的情况，这两个指标每次迭代后都要更新。

速度的跟踪

通过绘制迭代计划速度与实际速度的关系图，我们可以看到计划完成得如何，以及我们的吞吐量在迭代到迭代之间是否平稳。随着团队经验的增加，成员应该能够更好地进行估算。只要他们在估计方式上是一致的，速度度量将在第一次迭代后自我校正。而且，随着更多信息的获得，产品待办事项列表中的故事估计也可以得到细化（但不应调整正在处理的故事的估计）。

在下面的示例中（见图3.2），我们计划了整个发布，估计了项目的速度。从图3.2可以看出，计划开始缓慢推进，然后速度加快，通常需要几次迭代才能达到一个稳定的状态。虽然团队总是努力通过Sprint回顾会议解决问题来提高生产力，但随着时间的推移，提高会变得越来越难。

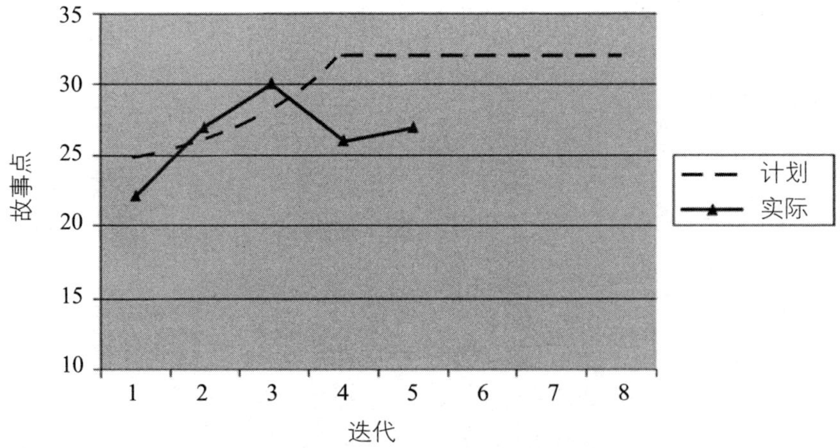

图3.2 迭代计划速度与实际速度的关系

在每次迭代之后，你需要根据刚刚完成的迭代的实际速度来调整计划。此示例未显示在每次迭代后将如何重新估计。但是，正如你所看到的，当项目开始时，我们最好的预测是，每次迭代我们会在大约30个故事点上达到稳定。然而，数据显示，团队每次迭代趋向于27～28个故事点。这样的信息对于规划未来迭代和发布的范围非常有用。

累积故事点图

累积故事点图提供了另一个透视图，该图显示了你在发布计划上完成得如何。图3.3使用与图3.2 相同的数据，但跟踪的是随着时间推移的总故事点。趋势线显示了我们的计划。你可以看到，我们开始落后于计划，迭代3开始赶上，到迭代5再一次落后于计划。如果在这样的情况下，计划在第8次迭代后发布，我将开始缩小范围和降低利益相关者的期望。

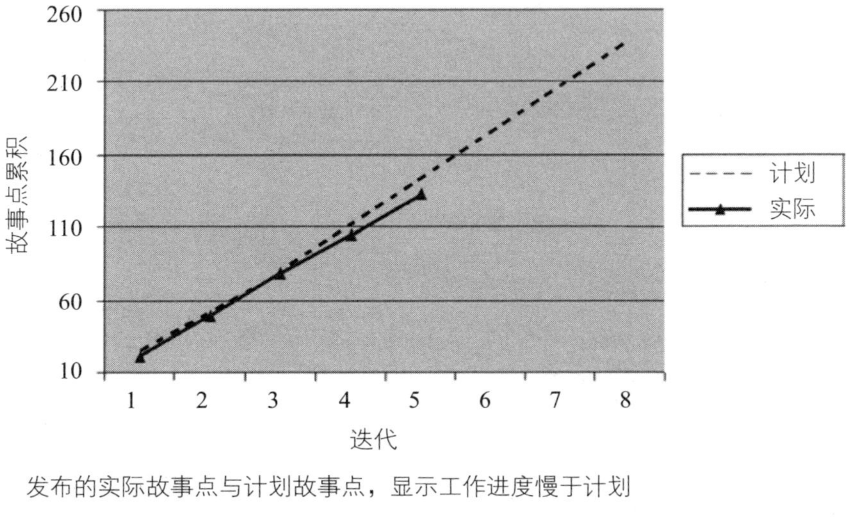

图3.3 累积故事点图

燃尽图

燃尽图（见图3.4）刚好和累积故事点图相反，它描述的不是累积的故事点，而是剩余的故事点。因此，它显示了完成发布还需要完成多少故事点。在每次迭代结束时，你可以快速了解图中直线的斜率，以及它与目标发布日期的比较——你甚至可以通过跟踪一个迭代中的故事（此处未显示）来实现此目的。因此，在3种图形中，我更喜欢燃尽图。从示例中可以看出，尽管已经接近计划，但很明显我们没有达到目标，即通过迭代8完成所有计划的需求。如上，我将开始缩小范围和降低利益相关者的期望。

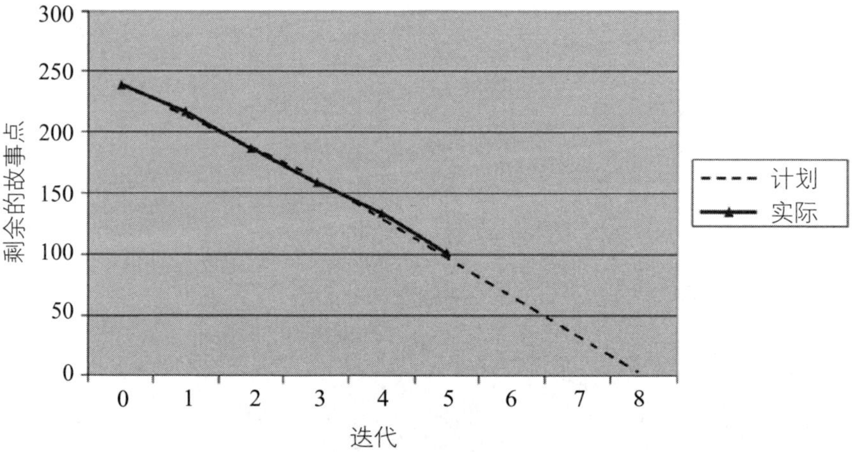

图3.4 燃尽图

带范围变更的燃尽图

范围变更，也称范围蔓延，许多软件开发项目已经因此而遭到破坏并陷入困境。然而，在敏捷中，我们拥抱变化。在进行开发的过程中，我们预计会发现新的需求。如果需求的附加范围优先于产品待办事项中的其他功能及发布所必需的功能，我们支持添加，因为这是为客户和业务应该做的正确选择。

图3.5表明范围的变更。在迭代3完成时，并不是团队生产力降低，而是在发布中添加了新故事，添加的新故事比已经完成的故事更多。因为团队的速度保持不变，添加新故事使团队走上了另一条新的轨道。敏捷使范围变更的影响非常透明。如上所述，改变发布的范围有很多正当的理由。在这个例子中，很明显，我们无法在发布日期前完成迭代8。我们要么需要变更发布日期，要么需要在其他地方削减相同数量的故事以缩小范围。

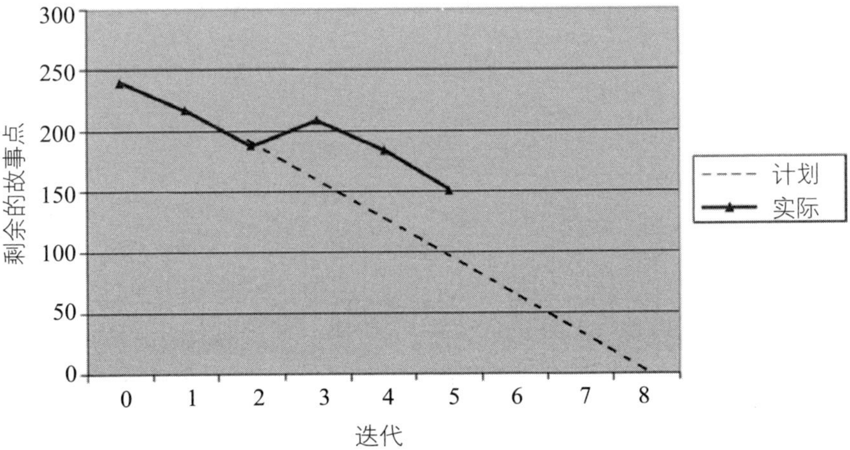

图3.5 带范围变更的燃尽图

这个例子还表明传统软件开发与敏捷软件开发之间的另一个重要区别。在传统软件开发中，所有范围变更都具有破坏性。即使删除范围变更也会产生问题，因为所有需求的设计工作都是一开始就完成了的，并且部分开发可能已经开始了。在图3.5中，从迭代6、7、8中删除范围变更，并没有给团队带来额外的工作量，因为对于那些后来的迭代中正在考虑的故事，尚未开始任何工作。

在前面，我们介绍了使用燃尽图和其他图来管理发布。在每次迭代结束时维护这些图并调整计划，是产品经理或Scrum产品负责人的重要任务。开发团队使用类似的方法在迭代中跟踪进度，这使得团队进度及可能需要对计划进行的任何调整更具可见性。

如第2章所述，开发团队为即将到来的迭代选择产品待办事项，并将其转换为Sprint待办事项，Sprint待办事项包含实现需求所需的任务。团队成员为每个任务分配一个估计的时间（以小时为单位），然后更新每个任务的剩余小时数。这应该至少每天进行一次（见表3.1）。

表3.1 剩余任务时间的任务板

任务	工程师	剩余的小时数
任务1	拉吉	~~4~~ 0
任务2	彼得	~~2~~ 4
任务*N*	伊特吉	8

任务完成后，小时数将设置为零。团队并不关心任何特定任务所花费的时间，只关心剩余的时间。因此，如果一个2小时的任务已经花

了2小时，而开发人员确定他还要4小时才能完成，他会将任务更新为状态“4”，正如彼得在图3.6中为任务2 所做的那样。你也可以看到拉吉已经完成了任务1，而伊特吉要么刚刚开始，要么还没开始该表的最后一个任务。

每日迭代燃尽图

Scrum大师使用任务剩余小时数估计来生成每日迭代燃尽图（见图3.6）。在下面的示例中，周末和非工作日不计在内。如你所见，迭代刚开始很好。然后该团队在第二周遇到麻烦，对剩余小时数的估计上升。团队之后又开始取得良好的进展。然而，前面有一个大大的红色警报。团队看起来不会在8月17日完成任务。

由于迭代使用固定的持续时间，我们将不得不与团队合作调整迭代的范围，甚至可能调整Sprint目标。图3.7显示了8月8日对原始工作计划缩小了约20%的范围。团队现在有了一条新的趋势线，很可能完成这个迭代中的剩余工作。移除的故事被放回产品待办事项列表的顶部，因此很可能是下一次迭代中安排的第一个故事。此时，你还要看迭代中的范围缩小将如何影响发布，以及是否需要对发布进行任何调整。

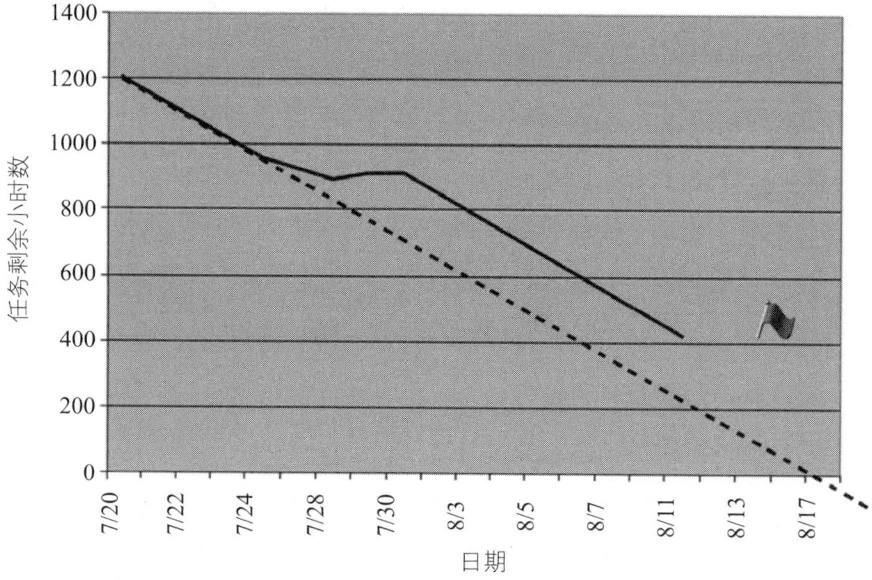

图3.6 每日迭代燃尽图

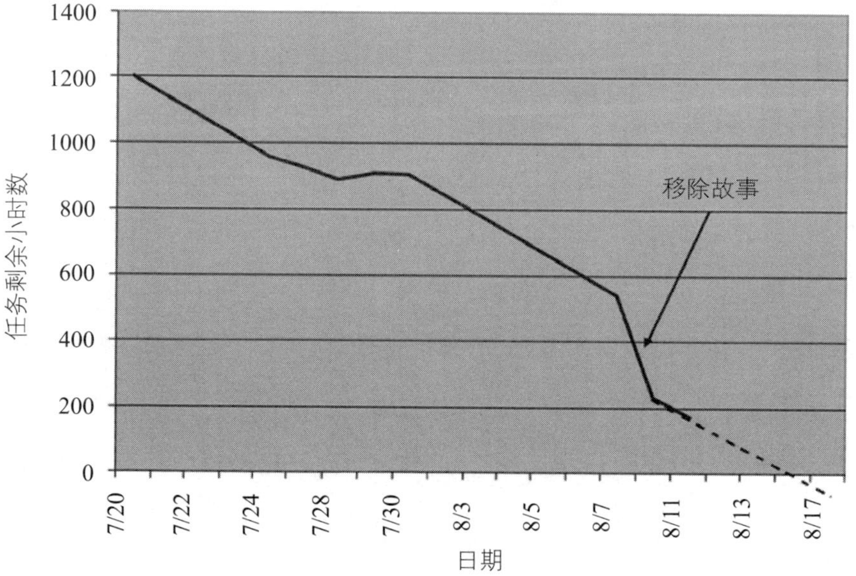

图3.7 缩小范围以在计划日期内实现迭代

用任务板跟踪进度

你的团队可能会用任务板来跟踪进度，可能是实际的任务板，也可能是与其等效的软件。任务板易于维护，通过它可以很好地了解团队在迭代过程中的进度。Mountain Goat Software公司的迈克·科恩（Mike Cohn）慷慨地提供了任务板的图像，如图3.8所示。索引卡上的用户故事和其他需求位于“产品待办事项”列（最左侧）。团队将故事转化为任务。在处理任务时，将其移至“处理中的任务”列，然后移至“验证”列。当任务通过功能测试时，它将被移至“已完成的任务”列（最右侧）。你还可以看到Scrum 大师在任务板的中心用了一些空白的地方来发布每日迭代燃尽图。

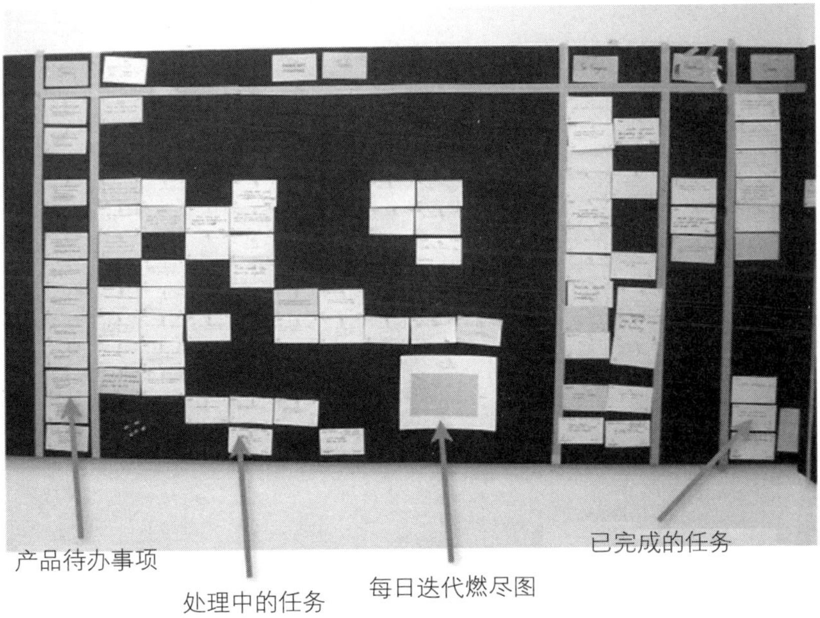

图3.8 显示需求在迭代中如何从左向右移动的任务板

总而言之，利用最新信息，敏捷让你可以轻松了解项目进展如何。每日站会回答了快速状态问题：每个团队成员在做什么？接下来会做什么？任务板直观地显示每个故事和任务在队列中的位置。最后，燃尽图跟踪与时间相关的进度。作为产品经理，你可能希望参加每日站会。任务板让你知道什么时候已经准备好可以进行审核和验收测试。你需要监控迭代燃尽图，因为如果团队没有按照计划执行，你就要与团队合作以缩小范围并可能调整Sprint目标。如果团队提前完成计划，你可以添加另一个故事。每次迭代后，你将更新发布燃尽图并相应地调整发布计划。

第4章 发布计划

我们已经了解了一些用于管理发布的工具，下面我们来看看如何计划发布。

如前所述，计划从公司的业务战略开始（见图4.1）。在大多数公司，这是由管理团队提供的。然后，你将制定产品战略，产品战略要支持公司战略，同时还要考虑市场、客户、竞争对手和技术。根据产品战略，你要制定路线图。一个好的目标是制定一个路线图，列出产品的2～5年愿景。在最初的9～15个月内，路线图的细节描述应达到比较合理的详细程度。有了路线图，并且有明确的方向，你就可以开始对发布和发布所要包含的迭代进行计划。

创建产品待办事项列表

使用路线图（如果你还没有定义发布，那就把它们定义好），并通过列出实现9～15个月路线图所需的关键功能来创建产品待办事项列表（见图4.2）。待办事项应与发布的计划相匹配，并按业务价值排列优先级。

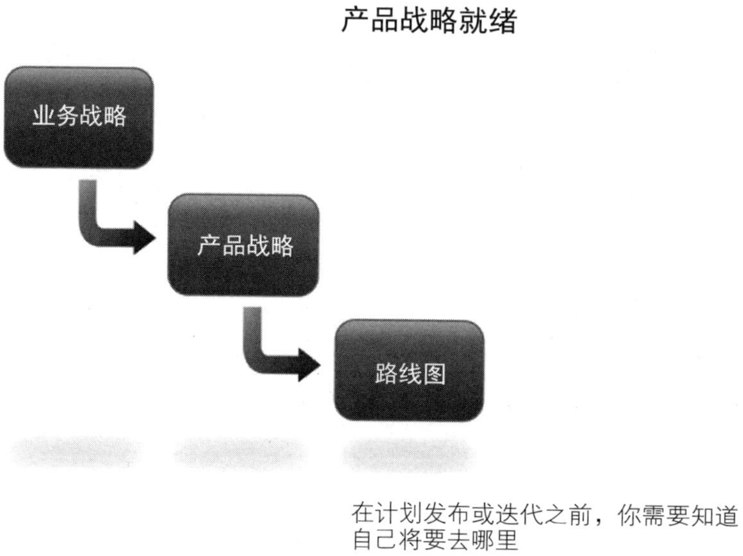

图4.1 发布计划始于对业务战略的深刻理解

在这个阶段，不要过分关注将一切都做对。这是一个迭代过程，路线图和产品待办事项列表将随着时间的推移而发生变化。但是，你应该明确定义即将发布的版本的需求。这些将是位于列表顶部的待办事项。再往下，待办事项作为一个占位符，表示还有待完成的任务，以及还需要就意图与团队和其他利益相关者进行沟通。

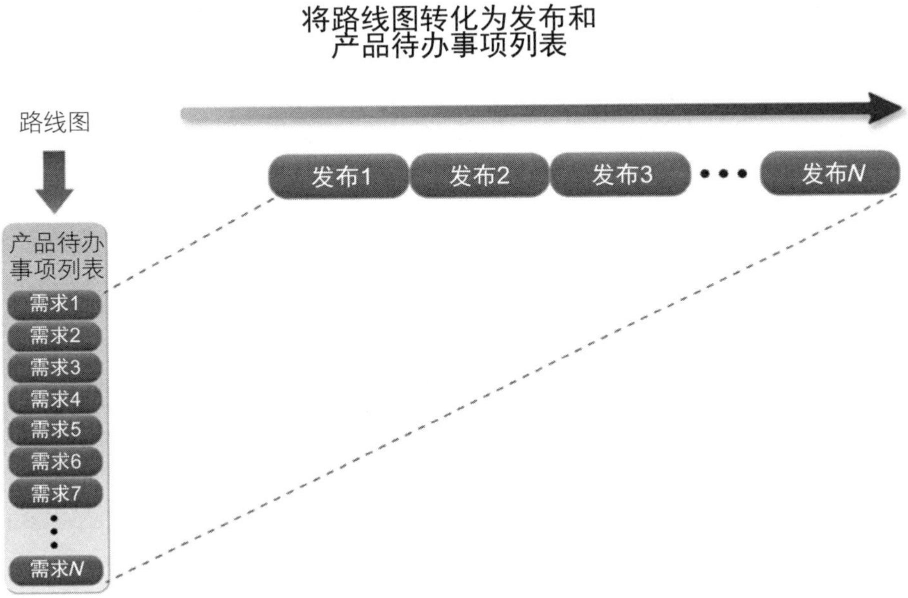

图4.2 通过将每次发布的功能转换为9~15个月的路线图，在产品待办事项列表中创建项目

将Sprint映射到发布和产品待办事项列表中

定义好发布和产品待办事项列表之后，我们进一步将其细分为Sprint。可以使用两种方法：第一种是设置发布日期，第二种是设置最小可市场化特性（Minimum Marketable Feature, MMF）集。[1]

1 MMF 集由马克·丹尼（Mark Denne）和简·克莱兰 - 黄（Jane Cleland-Huang）在《价值驱动的软件开发》（*Software by Numbers: Low-Risk, High-Return Development*）一书中提出。作者将 MMF 描述为“通过以下一种或多种方式创造市场价值：竞争差异化、产生创收、节约成本、品牌预测和提高忠诚度”。作者进一步提出：“真正的价值只能在项目的范围内进行界定，并且由开发软件的组织来度量。”

发布日期固定的计划

在发布日期固定的计划中，我们设定发布日期。因此，根据团队的迭代时间长短，我们能够知道在发布中可以包含多少次迭代，每次迭代中可以安排多少待办事项。为此，我们使用团队的速度来估计每个Sprint中有多少需求或故事点（见图4.3）。

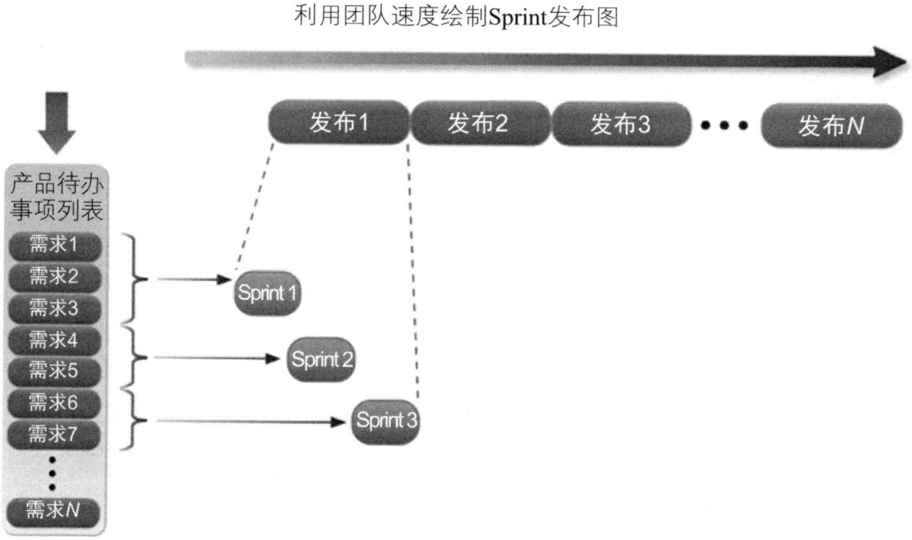

图4.3 将待办事项放到Sprint中以进行发布

MMF集的计划

如果发布日期是灵活的，请确定MMF集，以及开发该特性集的全部故事点。然后根据包含在发布中的故事点总数计算所需的Sprint数量并估计发布日期。在下面的示例中（见图4.4），我们知道发布中有1～7个需求，开发团队已经估算了60个故事点的需求。如果我们的团队每次迭代平均有15个故事点，那么我们需要4次迭代。

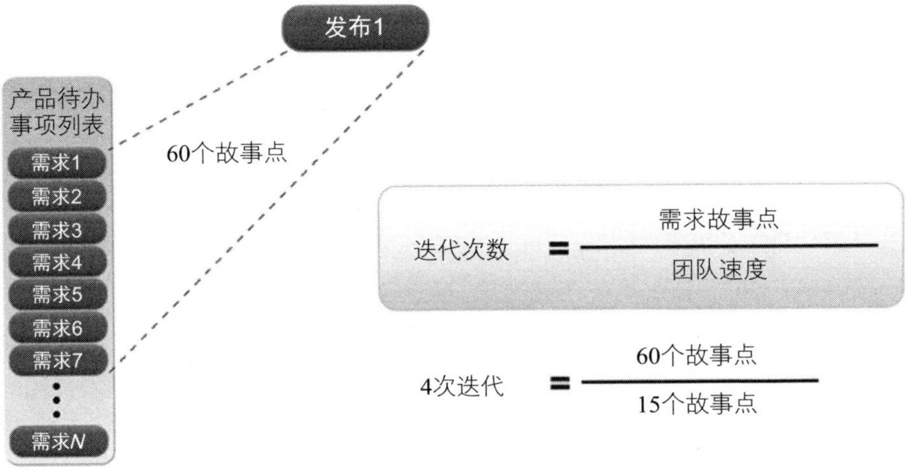

图4.4 MMF集的计划

请记住，当用较长的时间段（如6个月～1年）来推断速度时，速度会变得不那么准确。但它仍然是最佳度量标准，因此我们将使用它。但是在这个例子中，我们可能需要添加第5次迭代，或者至少要计划第5次迭代。团队很可能会遇到一些挑战，并且范围将扩展到超出已有的4次迭代和60个故事点，因为在开发过程中可能了解到了更多信息。

德国陆军元帅赫尔穆特·冯·毛奇（Helmuth von Moltke）[1]因其断言“没有一份作战计划在遭遇敌人之后还有效”而闻名。敏捷计划也是如此，“敌人”是开发新产品时面临的挑战。虽然有计划，但它仅代表我们根据当时所了解的信息进行的最佳估算。我们需要在每个Sprint之后重新确定并校准计划。然而，随着每次迭代的完成，我们将获得更好的清晰度，并能够更加有把握地进行计划。

1 http://en.wikipedia.org/wiki/Helmuth von Moltke_the_Elder。

迭代计划练习

生活永远不会像书中的理想化例子那样简单。在此示例中，你需要计划产品的下一次迭代。每个需求都被记录为用户故事。图4.5给出了产品待办事项列表中故事的优先级，并带有故事点估计。此外，你还需要知道团队在上一次迭代中完成了31个故事点。

故事	点
故事A	5
故事B	10
故事C	0.5
故事D	20
故事E	10
故事F	5
故事G	2
故事H	0.5
故事I	1

图4.5 带故事点估计、排列了优先级的产品待办事项列表

选择将进入下一次迭代的故事。在看下一节的答案之前，请花些时间完成此练习。

迭代计划练习答案

虽然这个例子有点棘手，但迭代的计划仍然很简单。

我们知道团队在上一次迭代中完成了31个故事点。这成为我们可以在即将到来的迭代中放入多少故事点的新限制。由于产品待办事项列表是需求的优先级列表，因此我们从列表顶部选择需求，直到选出31个故事点。需求A、B和C很容易切割，总共15.5个故事点。虽然我们只使用了一半的容量，但故事D有20个故事点，它太大了而无法包含在当前迭代中。我们跳过D并在列表中往下找，将E和F加上，这样就多了15个故事点。现在剩下0.5个故事点的容量，所以我们寻找一个非常小的功能，即故事H。我们现在为迭代定义了31个故事点（见图4.6）。

故事	点
故事A	5
故事B	10
故事C	0.5
故事D	20
故事E	10
故事F	5
故事G	2
故事H	0.5
故事I	1

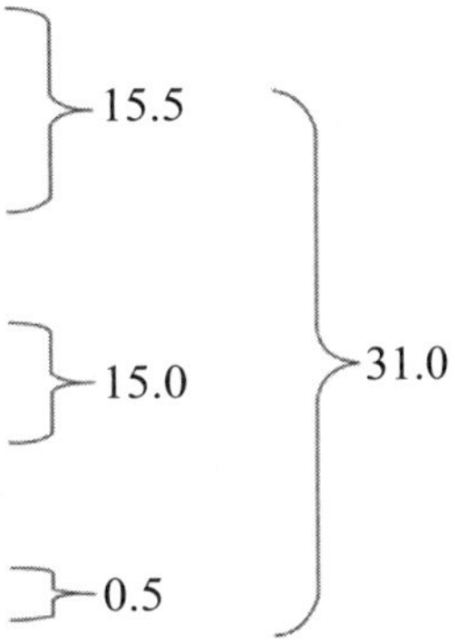

图4.6 为迭代选择最高优先级的故事，总共不超过31个故事点

如果这是一个真实的例子，那么对产品利益相关者来说，这将是关键时刻。鉴于故事D处于第四重要的位置，而且它的大小相对较大，它可能是一个备受期待的特性。如果这是发布之前的最后一次迭代，那么利益相关者可能会对推迟它感到不舒服。当面对不让故事D进入迭代——从而不进入发布——的现实时，人们可能决定提高故事D的优先级并降低故事A或故事B的优先级。另一个选择是将故事D分成两个小

故事，一个现在要完成，另一个则放到下一次发布中。无论如何，如果确定故事D必须包含在迭代中，那么当你掌握更多的信息时，敏捷可以让你灵活地在很晚的阶段做出权衡。

除了选择要包含在即将发布的版本中的需求，我们还将设置Sprint目标，以便为迭代最重要的方面提供指导。在一次迭代中，团队会尽可能地根据故事的顺序来开发。这样，如果在迭代期间工作范围缩小了，优先级最高的故事仍能完成。

跨多个迭代工作

如果你经常编写大型产品需求文档并每次只关注一次发布，敏捷将要求你进行一些调整。对于任何给定的项目，敏捷产品经理同时处理过去、现在和将来的迭代：

- 收集关于最近发布的迭代的反馈；
- 在当前迭代中支持开发团队；
- 通过与客户交流、对概念进行测试，以及为即将到来的迭代开发原型来完善需求。

将迭代映射到日历上，一个好的指导方针是关注120天的产品周期（见图4.7）。假设迭代周期是30天：

1 在Sprint T + 2或60天后，收集客户关于接下来要有什么特性，以及产品应该是什么样的反馈。你可以对设计目标进行研究，如识别阻碍潜在客户转换为你的网站客户的障碍。你还应该与开发人员交流这些需求，以捕捉他们的问题和疑虑。

2 在Sprint T + 1或30天后，验证设计，记录每个需求的完整验收标准，并完成每个用户故事，以便它们可以被正确地估计大小和开发。

3 在当前Sprint中，通过回答你的开发团队在开发过程中遇到的任何问题来支持他们。

4 对于刚刚发布的Sprint，请与客户一起验证软件可工作，以发现未来迭代所需的任何变更。

图4.7 产品经理跨多个迭代工作

在代表过去、现在和将来的某个时间段进行4次或更多次迭代，似乎令人望而生畏。在已经有太多任务切换的工作中，这需要花费更多的时间和精力。但是，因为你可以随时处理较小的难题，并可以通过获得可靠的反馈来指导自己的工作，所以你很容易找到节奏。

在跨多个迭代工作的过程中，你将定期向客户征求关于设计提议和已完成特性的反馈。为了支持这一点，你需要足够大的客户群来提供建议，以免任何一个客户因反馈请求而负担过重。尝试将客户与他们感兴趣的特性相匹配，或者让客户协助进行给定的迭代，然后休息6个月或更长时间。如果目前只有少数客户为你提供建议，请将人数增加5～10倍。

根据需要定义需求

在敏捷中，我们会根据需要交付文档，而不是从一开始就编写。随着需求被满足的概率上升，我们逐渐补充细节（见图4.8）。等待满足的详细需求可以被视为库存。投入该需求的时间越多，你的库存或无法创造直接价值的资产就越大。此外，我们还希望减少需求变更（造成返工）或完全丢弃（造成废品）的可能性。通过在“负责任”的最后时刻满足需求，我们将浪费工作的风险和项目成本降至最低。

敏捷的需求定义提前期较短，这带来了一些风险，即在迭代开始时你的研究可能还没有完成。因此，最好有一些“常青”需求。这些需求是必须开发的但目前不紧急的特性。此外，它们从技术上来讲很难，但对来自产品管理团队的输入（架构变更、特性增强和可扩展的改进等）的要求很少或没有。如果由于某种原因导致对需求的研究延迟，你至少可以将“常青”需求插入迭代中，确保团队仍然能够开发高价值项目。显然，如果你发现自己经常需要插入“常青”需求以填充迭代中的容量，那么你需要延长研究提前期。

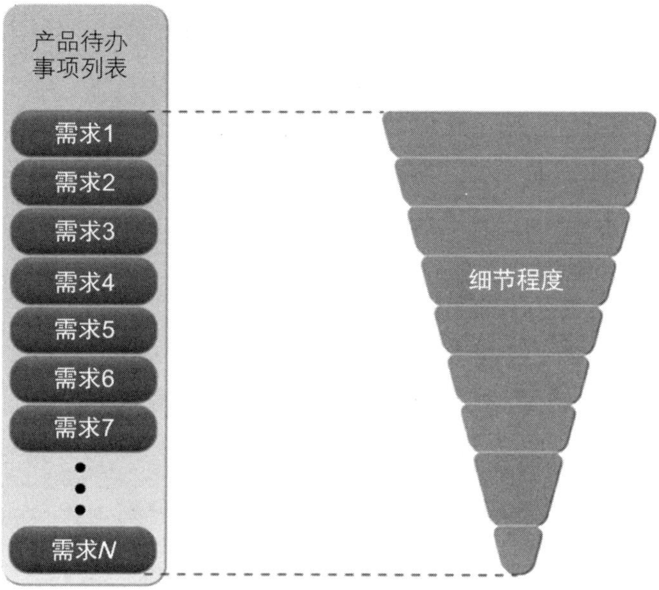

图4.8 随着产品待办事项向列表顶部移动及实现它们的可能性提高，详细信息被添加到需求中

用户体验设计在敏捷中的作用

到目前为止，关于产品管理和开发的角色我们已经讨论了很多。要注意，特别是在本章的发布计划中，用户体验设计非常重要。就像在其他任何开发中一样，工作流、任务分析、原型设计、可用性和角色在敏捷开发中都非常重要。不同之处在于，你要能够适应向客户展示不那么精致的工作，以帮助指导你的下一次迭代。

通常，我们会单独为用户体验研究留出迭代0。与我们现在逐步定义需求的方式类似，我们不希望在此阶段回答所有用户体验问题，只考虑最优先的问题。在进行此项研究时，开发团队使用此迭代来设置环境并对架构进行原型设计。迭代0是唯一一个不交付可工作软件的迭代。

理想情况下，你有幸拥有专门的用户体验专家。如果你正在使用Scrum，用户体验团队可以成为定义需求的产品负责人团队的一部分（最终的决策权仍然取决于实际的产品负责人），或者包括在开发团队中。如果他们是产品负责人团队的成员，对开发团队而言，他们可以代表用户并回答问题，但他们不一定每天都参加。如果他们是开发团队的成员，那么用户体验团队的成员将负责设计图形界面故事开发过程的第一阶段。用户体验团队的成员将处理当前不需要进行大量用户验证的故事，并关注具有较长提前期的项目的后续迭代。

第5章 文档

《敏捷宣言》中的一个价值观是工作的软件高于详尽的文档。但是，处理文档是产品经理工作职责的主要组成部分。如果你使用的是传统的软件开发方法，那么向敏捷过渡将改变你处理文档的方式，无论你的文档量有多少，以及你如何通过文档与团队进行沟通。

用户故事[1]

许多Scrum团队采用用户故事来沟通需求。他们通常把用户故事写在索引卡上，如图5.1所示。索引卡也是在极限编程中沟通所用的主要工具。

用户故事是高层次的需求，包含足够多的细节，正好可以让开发

1 本章中对用户故事的大部分讨论都是基于迈克·科恩（Mike Cohn）的工作。有关用户故事的更多信息，可在他的书《用户故事应用》（*User Stories Applied*）和他的网站（http://www.mountaingoatsoftware.com）上找到。

人员对其大小进行粗略估计。一个用户故事应该代表半天到两周的工作。工作超过两周的故事应被分成更小的故事，故事的预估工作时间不应超过迭代时间。大型的、松散定义的故事被称为“史诗”。“史诗”可以包含在产品待办事项列表中，但需要拆分成故事，并在将它们移向产品待办事项列表的顶部时进一步定义。

但最重要的是，故事是产品经理（或者产品负责人、客户或利益相关者）与开发团队之间对话的占位符。索引卡非常有效，因为它们迫使产品经理对故事的描述简洁明了，但索引卡不够详细，无法取代与开发团队进行丰富的对话。

图5.1是电子商务网站用户故事的示例。故事内容如下：

作为顾客，我希望对两种产品进行比较，以便我可以轻松了解产品在功能和价格上的差异。

可以在索引卡的底部添加可选的注释，并提供更多详细信息。上面的例子中的注释如下：

对实现不同数码相机的比较最重要。考虑添加三种或更多种产品进行比较是否可行。

阅读上面的故事，产品经理表示，网站上的客户希望能够比较不同的产品。这一注释带来了额外的设计问题。这一特性被认为对实现不同数码相机的比较最重要。如果事实证明比较引擎很容易在整个网站实现，那就应该做。但如果需要花费额外的时间，那就只实现数码相机产品的比较。如果在对话中，工程师认为最好只在数码相机产品

图5.1 用户故事是记录需求的流行格式，通常写在索引卡上

中实现比较，以最大限度地减少开发工作，那么这个故事将被分成在数码相机产品中添加比较引擎的高优先级故事，以及在其他产品中添加这一特性的低优先级故事。这些低优先级故事将被放在产品待办事项列表中。

产品经理还表示，最低要求是比较两种产品。这可能是用户使用场景中用得最多的。但他还想要一些关于比较三种或更多种产品在技术上是否可行及在用户界面是否可行的指导。这些注释，就像故事本身一样，也需要再进一步的讨论来敲定其中的细节。工程师可能会说比较多个产品和比较两个产品一样容易，此时产品经理可以根据需要进行额外的研究，研究用户真正想要比较的产品数量，并创建用户界面原型，以查看屏幕可以能够容纳的合理的产品数量是多少。

所有这些讨论都是在故事被放入迭代之前完成的。随着讨论的进行，故事被进一步完善，直到每个人对需求都有了一个清晰的理解。团队可以在故事卡、验收标准或其他内容中记录其他细节，但并非所有对话都需要记录。最重要的是，每个人都理解需求的意图。此时，开发团队使用故事点或其他类似的度量指标，对工作量进行估计。团队或团队部分成员通常会在计划之前单独开会来审核即将出现的产品待办事项列表。

用户故事的结构

用户故事包括三点：

- 用户的角色；

- 用户试图实现的目标；
- 为什么用户想要实现它。

用户故事采用以下形式：

作为<用户类型>，我希望<做某事>，

以便我可以<获得利益>。

回顾图5.1中的示例：

作为顾客，我希望对两种产品进行比较，以便我可以轻松了解产品在功能和价格上的差异。

用户故事是一种有效方式，能够通过指定角色来沟通与角色相关的需求，表达想要添加的特性及添加该特性的理由。用户故事为产品设计师和工程师提供了开发创新解决方案以满足用户需求的背景。

投资

比尔·韦克（Bill Wake）在《探索极限编程》（*Extreme Programming Explored*，2001）一书中介绍了一个好故事的6个属性，可以用缩写词INVEST轻松记住。

- 独立（Independent）——避免故事之间的依赖关系。每个故事都应该是独立的，因此可以随时在产品待办事项列表中重新确定它们的优先级而不会影响订单或任何其他故事。还要保持故事的细粒度，以便一个特性中优先级最高的元素最先被实现。

- 可协商（Negotiable）——故事是与开发团队进行对话的起点。它们不是命令。许多产品经理已经学会了，编写需求的正确方法是使用“必须”一词来明确指出产品必须拥有所描述的特性。例如，“顾客必须能够比较两种产品……”如果你不打算与开发人员交谈，那这么说可以，但如果要与开发人员交谈，那它就显得强硬，可能会扼杀创造力。花点儿时间与你的团队讨论故事，并接受可能更好或者所需工作量更少的替代方案。
- 有价值（Valuable）——始终展示为什么故事值得实施。如果你正在努力确定为什么一个故事有价值，请回过头来花更多时间与客户一起研究故事。你可能错过了故事的某些重要方面，或者故事可能不值得开发和持续维护。
- 可估计（Estimable）——故事应该足够小并且包含足够多的细节，以便开发团队估算工作量。“史诗”仍应作为产品待办事项列表中的占位符，以捕获重要的想法和信号意图。但随着“史诗”移到产品待办事项列表的顶部，它需要被分成更小的故事，以便团队可以估计工作量。
- 小（Small）——一个故事应该代表半天到两周的工作量，并且应该足够小以适应迭代。
- 可测试（Testable）——验收标准应该是可以测试的，以确保满足用户的需求。

验收测试

验收测试写在用户故事卡的背面（见图5.2）。这些测试让开发人员知道需求何时满足，并从用户的角度确认产品是否正常工作。没有验收标准，故事就不能算完成，不能分配给迭代。

测试：

1. 用户可以在该页面将产品添加到购物车中。
2. 缺货产品将被标注，并且不能被添加到购物车中。
3. 售价用红色、高亮字体显示。
4. 用户可以打印该页面或将该页面通过电子邮件发送。
5. 一种产品具有或两种产品都具有的产品参数才显示。
6. 如果某个产品参数不是两种产品都具有的（例如，第一种相机具有数码变焦5倍的特性，而第二种相机没有该特性），那它就列在第一种相机处，第二种相机对应处为空白。

图5.2 用户故事卡的背面

图5.1中用户故事示例的验收测试如下：

1. 用户可以在该页面（产品比较页面）将产品添加到购物车中。
2. 缺货产品将被标注，并且不能被添加到购物车中。
3. 售价用红色、高亮字体显示。
4. 用户可以打印该页面或将该页面通过电子邮件发送。
5. 一种产品具有或两种产品都具有的产品参数才显示。
6. 如果某个产品参数不是两种产品都具有（例如，第一种相机具有数码变焦5倍的特性，而第二种相机没有该特性，那么就把它列在第一种相机处，第二种相机对应处为空白）。

验收测试是整个团队的责任。因此，任何团队成员都可以随时添加验收测试。但是，产品经理应通过与开发团队和QA团队就验收标准进行头脑风暴，从而促进这一过程。如上所述，验收测试捕获了特性的许多功能性元素和边界情况。通过测试来沟通，开发人员可以轻松了解特性开发何时完成，QA人员可以验证特性是否有效。你可能还会听到这些测试被称为“满意度标准”。这指的是较高层次的测试用例，在产品经理、开发人员和QA人员就全套验收测试和边界情况进行头脑风暴之前，特性应该执行这些测试用例。

验收测试不是传统意义上的错误搜寻。单元测试是最先用来防止错误在代码中累积的。验收测试真正关注需求是否满足。其他诸如压力测试或无意义输入测试之类的测试可能也是必需的，可以作为附加的步骤进行。

从故事开始

如果你刚刚开始使用用户故事，请从高层次的目标开始。对于销售相机的电子商务网站来说，高层次的目标可能包括:

- 顾客可以搜索或浏览符合其生活方式的相机（顾客可以找到他们想要的东西）。
- 顾客可以在网站上研究相机，包括规格和评论（顾客可以了解更多产品以指导他们的决策）。
- 顾客可以购买相机和配件（顾客可以在网站上找到整个解决方案）。
- 顾客可以保存订单并稍后返回购买（顾客可以保存他们的工作）。

思考故事的另一个好方法是关注MMF集。对顾客有用的、可用的、在迭代结束时可能发布的最小产品特性是什么？然后，你可以使用多个单独的故事来完善该特性。

MMF故事通常比标准的用户故事更大。例如，电子商务网站的MMF故事可能是:

> 作为顾客，我希望能够创建、编辑和取消订单，以便我可以独立操作而无须联系客服寻求帮助。

这个故事也可以拆分为3个小故事，分别用于创建、编辑和取消订单。但是，通过将故事保持在MMF级别，优先级和范围删除的影响对所有团队成员与利益相关者都是可见的。每个团队都需要自己决定最佳的故事大小。但是MMF故事更容易沟通，也能确保产品在每次迭代结束时可以部署。

非功能性需求

用户故事最适合表达功能性需求。当把非功能性需求放入用户故事格式时，它们通常看上去像强制性的。用于沟通用户界面应该能够在多个浏览器中运行这一需求的故事可能如下所示：

作为顾客，我希望能够使用我选择的浏览器，以便我可以熟练操作而无须下载新的浏览器。

写出预期是什么将更清楚：

该应用程序可在Internet Explorer 7.x及更高版本、Firefox 3.x及更高版本，以及Safari 4.x及更高版本上运行。

约束和性能度量也可能特别具有挑战性，因为要被接受，它们不仅要等到迭代结束，还要等到整个发布结束。在多浏览器兼容性的示例中，所有用户界面需求都取决于此约束。

约束

迈克·科恩在《用户故事应用》一书中列出了7个约束并给出了示例：

1 性能：90%的产品搜索将在不到3秒内返回结果。

2 准确性：该软件将动态生成和调整再订货点，为所有标准产品提供98%的库存水平，同时保持95%的标准产品库存不到14天。

3 可移植性：该软件应设计为可移植到Android系统。

4 可重用性：图形渲染引擎可被我们的其他应用程序复用。

5 可维护性：必须为所有新代码编写自动单元测试，并在每次编译后运行。

6 互操作性：所有文件都应以XML格式存储。

7 容量：数据集市必须能够存储1.8亿笔交易（5年内每月300万笔交易），并支持实时分析工具。

将约束直接写在用户故事卡上，并在注释中添加“约束”一词（见图5.3）。

> 该应用程序可在Internet Explorer 7.x及更高版本、Firefox 3.x及更高版本，以及Safari 4.x及更高版本上运行。
>
> 约束

图5.3 将约束直接写在用户故事卡上

系统质量卡[1]

处理非功能性需求的另一种方法是系统质量卡。功能性需求聚焦于“系统将做什么”，而系统质量卡描述了“系统将如何做”。

下面是现实生活中对导航系统的系统质量卡要求的示例，该导航系统被强制放入用户故事模板中。

> 作为一名驾驶员，我希望导航加载时间更快，以便我可以不必为此而等待。

除了听起来不自然，这个故事既不可测试也不可估计，所以通过用户故事来表达就不是很合适。在这种情况下，应该使用系统质量卡（见图5.4）。

系统质量卡包含六个方面。

1. 名称：质量的名称（必须是唯一的）
2. 范围：将度量什么，包括度量单位，如秒
3. 仪表：如何进行度量
4. 目标：期望的性能水平
5. 约束：性能变得不可接受的点
6. 基准：目前的性能水平

1 本节中的讨论和示例来自瑞恩·施莱佛（Ryan Shriver）2008年10月12日发布的博客评论文章“质量、用户故事与Scrum需求的悲伤状态”（*Quality, User Stories, and Sad State of Scrum Requirements*），http://tinyurl.com/ykokcrq theagileengineer.com/public/Home/Entries/2008/10/12_Qualities%2C_User_Stories_and_sad_state_of_Scrum_requirements.html。

名称：导航系统启动时间
范围：从驾驶员单击“导航”按钮到导航主菜单出现所用的秒数（假设卫星已经连接并且正常工作）
仪表：来自用户界面的计时器
目标：<20秒（竞争产品的性能）
约束：>50秒
基准：50秒（第一次启动；标准环境）

图5.4 导航系统的系统质量卡

在导航系统示例中，工程师用多次迭代来满足需求，用第一次迭代实现一些快速修复，包括在启动时加载导航菜单，以便让用户感觉到更快的响应时间。

拆分故事

当故事太大而无法放在一个迭代或迭代的剩余容量中时，将故事分成两个或更多个较小的故事通常是有意义的。这使你可以更快地提供最有价值的特性，并在以后提供其他增强特性。在第4章的迭代计划练习中，有一个很大的需求，即故事D不能放到当前的迭代中。故事D是产品待办事项列表中第4个重要的故事，团队估计它有20个故事点。在将3个优先级更高的故事添加到迭代中之后，只有15.5个故事点的容量剩余。产品负责人面临两种选择：

（1）将较低优先级的需求放入当前迭代中，并将故事D留到后续的迭代中。

（2）拆分故事D，以便将需求最重要的部分放到当前迭代中。

使用我们的电子商务网站示例，假设故事D看起来是这样的：

作为产品经理，我希望在顾客结账时交叉销售产品，以便提高平均订单量。

这个故事包括指定交叉销售的产品、设置每个产品展示的频率、为每个产品设置可选折扣，以及报告交叉销售活动的效果。另外，这个故事还确定了在结账时只向每位顾客推荐两种产品进行交叉销售，并且只显示有库存的产品。在与开发团队交流时，开发团队认为选择交叉销售产品并在结账时让系统一次推荐两种产品是很简单的，只要它不需要用额外的逻辑来指定百分比和折扣。产品负责人与产品经理合作，按如下方式对故事进行拆分和优先级排序[1]，然后开发团队对新故事的大小进行估算：

我希望能够在顾客结账时指定交叉销售的产品，系统会自动循环以增加平均订单量。（5个故事点）

我希望每天生成一份数据文件，包含每个交叉销售产品的搭售率、销售额和利润，以便我可以优化推荐的产品。（3个故事点）

我希望能够在顾客结账时分配每个交叉销售产品的频率，以便我可以针对一小部分顾客测试新产品。（3个故事点）

1　这7个故事有意省略了“作为产品经理”，以便读者更容易关注故事之间的差异。

> 我希望能够为交叉销售推荐的产品指定折扣，以使搭售率和利润达到最大化。（3个故事点）
>
> 我希望每日数据文件包含7天和14天的移动平均线，以便我可以发现趋势。（1个故事点）
>
> 我希望能够为每个交叉销售的产品指定开始和停止日期，以便我可以不必每天调整我正在测试的季节性产品。（3个故事点）
>
> 我想要一份报告向我展示每个交叉销售产品的搭售率和销售额，以便我可以不必花时间将其导入Excel。（2个故事点）

故事D现在被拆分成7个小故事，前5个小故事 ——相当于 15个故事点——现在可以放入即将到来的迭代中。这为产品经理带来了大部分价值，而且不会造成任何其他的延迟。此外，团队成员现在知道将进入迭代的5个小故事的优先级顺序。如果在开发过程中需要缩小范围，他们知道要先删除哪些故事，并且仍然保留产品经理可以直接使用的一些特性。另外，也要注意，故事是按照对用户有用的价值来拆分的，可能的情况下应尽量这样做。无论是1个、2个、3个、4个、5个、6个还是所有7个故事都进入即将到来的迭代中，提供给产品经理的特性应该是完整的。

这个例子还说明了为什么在故事进入产品待办事项列表顶部时拆分故事是非常有用的。使用更细粒度的故事有3个好处：

1 团队更容易准确估计所涉及的工作量。

2 迭代计划得到改进，因为每个故事都比迭代总量小。

3 在一个迭代中缩小范围（如果需要的话）而不破坏Sprint目标，这将变得更加简单。

但是，产品经理需要保持平衡。在与利益相关者合作并进行规划时，较大的故事更易于管理；在开发和规划迭代时，则更倾向于用较小的故事。

其他文档

使用用户故事只是记录敏捷开发需求的一种方法，但它绝不是唯一的方法。许多团队只编写简单的需求声明，甚至生成更传统的需求文档，也一样获得了成功。无论文档格式如何，目标都是在团队中就每个需求进行充分对话，提供一种可行的方法来确定优先级、重新排列优先级，并将特性分成足够小的增量以放到迭代中。

产品需求文档（Product Requirement Document，PRD）非常适合复杂的产品。产品需求文档强迫产品经理对特性进行充分的思考。在敏捷中，产品需求文档的细粒度可能更小，每个主要的特性都有一个产品需求文档，而不是每个发布都有一个。此外，并非每个特性都需要编写产品需求文档。产品需求文档有助于团队强化产品愿景。但是，产品需求文档很可能不会受到变更控制或进行测试。它将被分为故事大小的增量，故事将用于开发和测试。即使你的公司不再编写产品需求文档，审核产品需求文档模板也是值得的。你仍然希望能够回答其中包含的问题，并且要在发布计划中记录其中的一些（在第6章中有描述）：

产品需求文档模板中包含的问题

1 项目目标——将项目与有可度量目标的产品战略联系起来，可度量目标如市场份额、营业收入、客户满意度、生产力提高、部署时间等。

2 时间表——关键里程碑的目标日期。

3 产品背景和发布的范围——描述这是新产品、下一版本，还是现有产品的扩展，以及它是否将补充或替换任何现有产品。

4 用户界面约束——用户界面必须符合的任何标准。

5 兼容性约束——必须开发或维护的、可能影响其他系统的任何外部和内部接口及向后兼容性。

6 可扩展性——定义用户、数据量或事务水平的系统质量卡。

7 可用性和可学习性——系统质量定义，用于易于使用或易于学习的已定义角色。

8 性能——定义性能目标的系统质量卡。

9 文档——必须创建的任何文档、文档的使用者和预期用途。

10 安全性——必须解决的任何安全问题和必须遵守的标准。

11 监管——必须支持的任何监管。

12 可管理性——客户支持、账户管理或管理系统和支持客户的操作的任何需求。

13 报告——需要记录和报告的任何新指标 。

14 国际性——为支持国际市场而必须解决的任何问题。

15 假设——任何可能影响项目的假设。

16 未解决的问题——任何可能影响项目的未解决的问题。

开发团队需要决定是否继续编写功能规格说明或技术规格说明。团队有时会使用它们来记录已经完成的编码，而不是在开发之前编写。值得指出的是，在极限编程中，程序员通过代码、注释和单元测试来编写文档。

通过建立标准，如用户界面指南，来定义公司软件开发方法。由于这些细节不会以相同的方式添加到每个用户故事中，因此它们很容易在产品需求文档之间进行剪切和粘贴。

最后，每家公司都需要根据产品、文化和监管环境来决定所需文档的正确级别和类型。回顾敏捷“工作的软件重于详尽的文档”的原则，所有团队都需要认真思考哪些文档步骤可以用良好的沟通来取代。此外，文档中是否有哪些部分是没有用且可以删除的?

第6章 开始

你现在在敏捷开发方面应该已经有坚实的基础了，也清楚地了解了如何与敏捷开发团队合作。本章主要讲解在你和团队都不熟悉敏捷时如何处理项目，以及一些成功的技巧和窍门。

如果你的整个团队都不熟悉敏捷，请从小项目开始。确定一个独立于其他项目和产品的且可以由一个团队（少于9个开发人员）处理的项目。理想情况下，该项目应该是开发一个新产品或者为旧产品重新编写代码。因为需要编写单元测试，所以最简单的方法是从新的代码库开始。如果使用遗留的代码库，后来再补测试通常并不实际。团队一般在修正遗留代码的错误或修改遗留代码作为添加新特性的一部分时增加测试。因此，从一开始很难将质量包含进来，并且需要更长的时间才能实现完全的代码测试覆盖率所带来的生产力提高。

如果你计划在公司内对团队和敏捷开发进行宣传，以便促进敏捷被更广泛地应用，请选择可以直观展示的产品。例如，用于数据移动的ETL［Extraction（提取）、Transformation（转换）和Load（加载）］工具并不会成为灯塔项目的理想选择，因为它无法很好地演示。那些让客户感到困扰、需要快速显示结果（如少于90天）的项目是理想的选择，因为敏捷很快就能展示项目进度和价值。

如果你的公司以大胆为荣，你也可以激进地向敏捷过渡。例如，Salesforce.com 在三个月内推出了自适应开发方法，然后花了18个月的时间进行持续改进以实现卓越。决定是大胆的，过程是痛苦的，但公司证明方法是可行的。Salesforce.com 改进后的季度发布时间表和客户满意度得分充分证明了方法的成功。[1]

选择团队

谨慎选择你的第一个敏捷团队，使其对你有利。由于每个人都将学习新的工作方式，因此现在不是解决团队成员个人发展问题的时候。一个对立且难于相处的团队成员可以破坏一切。这与传统的软件开发没有什么不同。但在传统方法中，通过将通信方式转为电子邮件和文档，可以很容易地避免对抗并隔离不合作的团队成员。这对解决潜在问题没有任何帮助，但是可以推迟解决问题，而不会拖整个团队的后腿。在敏捷中，如果有人不配合，那将很明显并且是公开的。在某些时候，我们可能不得不与一个具有挑战性的团队成员打交道，但

1　苏珊·门罗（Susan Monroe），“生活危险的一年：与Saleforce.com的拉斯姆斯·曼克（Rasmus Mencke）一起向敏捷开发过渡的产品经理指南”（*The Year of Living Dangerously: A Product Manager's Guide to Surviving the Transition to Agile Development with Rasmus Mencke of Saleforce.com*），硅谷产品管理协会新闻，http://www.svpma.org/newsarchives.html。

不要让你的第一个敏捷团队遭遇这类问题。

此外，挑选愿意做出承诺并遵守承诺的团队成员。在Scrum中，团队致力于承诺迭代及将要完成的任务。团队全权负责兑现承诺。理想的团队成员应对自己的行为和团队的行为负责，但不为任何未履行的承诺负责。

创建产品战略

如前所述，你需要知道你将在哪里取得成功，而产品管理通过产品战略确定方向。如果你或你的团队成员参加过Scrum培训，则可能会使用“产品愿景”这一术语 。愿景是战略的一部分。我将使用愿景来表示最高水平的产品战略，这是关系到客户痛点及如何开发解决方案的问题。战略需要你深入思考产品的其他方面。此外，与你的团队一起不断强化愿景和战略非常重要，特别是在计划会议期间和设定Sprint目标时。

继续以销售数码摄影设备的电子商务网站为例，公司的愿景可能是“帮助数码摄影爱好者实现他们的愿望”。产品愿景——可能被视为公司使命（我们将如何实现公司愿景）——可能是“为数码摄影爱好者提供最全面的设备选择，并结合正确的建议来指导购买”。这句话包含多层意思。第一，我们将销售很多产品；第二，我们的目标对象是摄影爱好者；第三，我们将提供超出一般产品目录的建议。当把愿景陈述转化为产品的选择时，我们将着重于使产品易于查找，并提供指导，以帮助客户找到适合其技能水平和兴趣的产品。这与选择成为低成本领导者、选择服务于专业摄影市场，或者选择采取只销售有限的“一流”产品的方法有很大不同。

产品战略包括必要的支持愿景的细节描述，以证明愿景的合理性并为设计决策提供更全面的指导。

1 产品的市场问题和机会，包括：

a．目标市场和任何特定细分市场。

b．经济买家。

c．用户（购买者和用户可能是同一个人。但是，在商业软件或儿童软件中，购买者通常不是用户，或者是许多不同的用户之一。）。

2 产品或服务说明，包括：

a．最小可市场化特性（MMF）集——有时候可以将这个术语理解为客户宁可选择开始使用带有瑕疵的产品而不是等待进一步改进，有时也被称为最小可行产品（Minimum Viable Produce, MVP）。虽然最小可行产品由你的业务目标定义，但我觉得“可行”这个词并没有让我们采用正确的思维方式来优化市场对产品的渴望和上市时间之间的权衡，而“可市场化”这个词可以。

b．竞争差异化——了解与市场上其他产品的差异对于公司优先发展什么至关重要。例如，以易用性定位自己的产品可能会使公司优先考虑用户体验设计而不是添加新功能。

3 业务模式和投资回报率，包括：

a．公司如何赚钱。

b．该项目的预期投资回报。

4 定位——传统的4P：产品（Product）、定价（Pricing）、促销（Promotion）和地点（Place），第5个P是证明点（Proof Point）。

a．产品——产品和差异化的特性，如上面2中所述。

b．定价——产品相对于交付价值、实际成本和替代品成本的价格；定价增量的度量（每个用户、每次交易等）；产品在从廉价到优质范围内的位置。

c．促销——如何让购买者完成从认识、考虑、试用到购买这一周期。

d．地点——产品销售的渠道（如网络直销、经销商、分销商、直销、零售、附属公司等）。

e．证明点——证明产品定位的证据和例子。这包括可以在产品和诸如客户参考、独立研究、案例研究等第三方证据，以及竞争性比较中看到的证据和例子。虽然证明点是促销的一个子集，但它们非常重要，值得在产品计划中单独考虑。

5 时间表和预算——涵盖何时交付什么及要交付多少。时间表分为三个层次，包含不同的细节和范围。长期愿景被总结在产品路线图中，展示产品愿景如何随着时间的推移而实现。中期愿景被记录在发布计划中，如下所述。短期愿景在迭代计划中详细介绍。

发布计划

一旦制定了翔实的产品战略，下一步就是创建发布计划。第4章在介绍发布计划时，有意将发布计划作为已定义好的工具排除在外，因为发布计划不是敏捷工具，也不是针对敏捷开发的。创建发布计划是一种很好的做法，可以使产品经理更加成功。为了创建发布计划，首先要进行粗略的规划，然后通过更多的规划和开发活动来细化更低级别的细节。发布计划应包括：

1. 要发布什么及发布的主题
2. 关键里程碑的时间表
3. 责任和负责人
4. 依赖关系
5. 关于发布的关键消息
6. 风险和缓解措施
7. 发布目标
8. 成功的度量

此外，如果该发布是重大的、可营销的事件，则该计划将被扩展为一个全面的发布计划，并涉及公司的更多方面。

创建发布计划包括选择发布周期。发布周期取决于很多因素，包括产品类型和复杂性、公司的组织与文化，客户吸收新发布的速度有多快（例如，是否需要安装或包括大的用户界面变更）、公司对新发布的支持能力，以及产品的市场潜力，尤其是延迟上市时间的机会成本。其他需要考虑的因素包括自然的市场节奏[1]，例如，在消费者、税收和学校市场中发现的市场节奏。监管障碍及更长的质量保证周期，可能对更大的、更不频繁的发布更有利。即使进行单元测试，一些产品也需要进行大量的功能测试和压力测试。Guirewire是保险行业商业应用程序提供商，在进行8个月的迭代开发之后会在4个月内进行测试。此外，必须确定发布是日期驱动的——这意味着产品必须在给定日期发布——还是最小可市场化特性集驱动——这意味着产品将在一组定义好的特性开发完成时发布。

从市场营销角度来看，如果你可以进行宇宙大爆炸般的发布并吸引大量媒体关注，那么频繁发布的版本可能更有意义。当然，托管产品适合更频繁的发布。然而，对客户来说，这仍然可能没有意义，特别是在需要就变更与客户进行沟通并且需要培训的情况下。例如，自从过渡到敏捷以来，Salesforce.com 现在每年发布4次。相比之下，该公司在2006年只发布了1次。

无论你决定采用何种发布时间表，每年都要重新审核该决定并寻求挑战现状。在你的客户购买你的产品之前，你的产品不会产生任何价值。尝试找出如何更快地为市场提供较小的价值增量。请记住，如

1 “市场节奏”这个术语，我是在卢克·霍曼（Luke Hohmann）那里第一次接触到。相比于“季节”或“周期”，我更喜欢它。

果有多个团队在产品的不同领域工作，你甚至可能会以比迭代周期更频繁的方式发布（eBay过去常常每周发布，但其开发周期更长）。确定最适合你的客户的发布周期并努力达到该目标。

快速创建产品待办事项列表

一旦创建了发布计划，下一步就是创建产品待办事项列表。

理想情况下，产品战略已经到位，你已经获得足够多的信息，可以编写产品需求文档了。你了解你的用户、你的市场及你的产品将解决的痛点。在这种情况下，从开始编写高优先级故事来启动流程会相对容易。只需按照第4章描述的过程来创建产品待办事项列表即可。

让我们来看一个更极端但更现实的例子。假设你是一家公司的产品经理，公司的管理风格用“反应型”来描述再合适不过。你被安排到一个紧急项目中。公司需要这笔交易，不能错过已经承诺的交货日期，现在离交货日期不到90天，当然，对于这个日期，公司并没有咨询过你和开发团队。

在这种情况下，你将启用迭代0。这给开发团队时间去准备好开发环境，给产品管理人员时间去开发优先级最高的用户故事并验证用户界面原型。记住，迭代0不是通过可工作的代码来衡量的。这是一个准备构建产品的时间框。如果开发团队已经准备就绪，请确定产品待办事项列表中前几个用户故事的优先级，并为第一次迭代创建足够的产品待办事项。

故事写作研讨会也可以使项目毫不拖延地向前推进。你可以让客户、开发人员和其他利益相关者参加此会议，聚在会议室就故事进行头脑风暴。然后在研讨会上或之后对故事进行优先级排序以开始发布。确保为开发人员分隔出“常青”故事，这些故事是技术上具有挑战性的需求，如不涉及来自产品管理和用户的重要输入或验证的架构工作。这将使你有更多时间来加快研究和记录以用户为中心的故事，而不会浪费宝贵的开发时间。

按业务价值确定产品待办事项列表的优先级

创建产品待办事项列表后，将按业务价值确定其优先级。业务价值是一个非常容易掌握的概念，但要按业务价值进行优先级排序需要做出大量判断。此外，根据待办事项的细粒度，价值可能只有在开发了一组特性之后才能实现。因此，你可能要将一些待办事项分组以进行分析。你可能还要将待办事项拆分为最小可市场化特性和润色部分。

确定业务价值的方法

确定业务价值的首选方法是：（1）为产品开发投资回报率模型（产品损益表），（2）为使用该产品的客户的业务案例开发投资回报率模型。对于前者，要将上市时间作为变量包含在内，这样你就可以权衡特性的完整性与收益。对于后者，则要了解客户用了所提议的特性之后可以节省或赚多少钱。

当你从新产品转向特性增强时，使用严格的投资回报率模型来分配价值可能非常具有挑战性。此外，仅仅因为可以在Excel中进行投资回报率分析，并不意味着它是准确的。大多数公司没有足够丰富的数据来了解特性的延迟发布将如何影响客户流失或新客户获取。如果你有幸能够对此进行建模，请务必使用投资回报率建模方法。但是，更有可能的是，价值决定将更加主观，而且随着产品的成熟，价值决定还将越来越主观。

与用绝对值确定的方法（如投资回报率模型）不同，当业务案例及添加或推迟该特性的因果效应难以量化时，相对值确定能够有效地发挥作用。幸运的是，公司拥有存储在其员工头脑中的大量集体智慧。但是，需要有一种方法来有效地利用它，因为每个人都有不同的影响力，在没有指导的情况下，会得出不同的结论。来自销售、财务、营销、运营、工程、客户服务及管理团队的成员可能不会同意你的所有产品待办事项的排序，甚至他们相互之间都不能达成一致。产品经理的职责是推动团队达成一致。在处理价值不能量化的模型时，产品经理可以使用不同的方法来使成员在价值决定上达成一致，从而在产品待办事项列表优先级上达成一致。

第一种方法拥有很强的愿景，并将每项需求置于该愿景的背景下。有了这个，团队成员或许可以达成一致。有时选择是显而易见的。如果方法不起作用，那么你需要使用被称为优先级矩阵的工具来遵循更结构化的过程。

优先级矩阵

创建优先级矩阵是一个简单的五步过程。将为这个过程输入价值的任何利益相关者都包含进来。如果团队是第一次进行此练习，请分配2～4小时来完成练习。

步骤1：将需求放在左列中。在图6.1中，正在评估的需求是特性增强、单点登录、与Salesforce.com的整合，以及Internet Explorer浏览器新的发布支持。

步骤2：制定标准并将其放置在图6-1顶部的灰色栏中。在图6.1的示例中，标准是客户的痛点、受影响客户的百分比、来自现有客户的追加销售收入、来自新客户的销售收入、产品差异化的关键特性和参与竞争的必要特性。

步骤3：为每个标准分配权重。将结果记录在最上面的一栏中。在此示例中，60%的权重是针对现有客户标准（客户的痛点、受影响客户的百分比和来自现有客户的追加销售收入），40%的权重是针对新客户标准（来自新客户的销售收入、产品差异化的关键特性和参与竞争的必要特性）。示例最终表明，公司在战略上重视留住老客户，而不是赢得新客户。如果在评估后，管理团队确定赢得新客户更为重要，并且当前客户没有流失的风险，他们将调整权重。完成这个练习是一个迭代过程，可以帮助人们明确表达他们的内心感受。这有助于公司着眼于大局。

步骤4：团队为每个需求分配一个分值。在此示例中，Internet Explorer浏览器新的发布支持这一项的分值最高，为60分。在创建矩阵时代表销售团队的销售副总裁可能认为，与Salesforce.com的整合是最重要的，但矩阵表明并非如此。由于销售副总裁帮助创建了矩阵，她了解Internet Explorer 浏览器新的发布支持是公司的优先事项，胜过销售部门的偏好。

优先级排序矩阵

0=最低

5=最高

			权重[1]	25	20	15	15	15	10	总分 100
	应用程序/主要的特性/服务	概述	请求方	客户的痛点[2]（0~5）	受影响客户的百分比[3]（0~5）	来自现有客户的追加销售收入[4]（0~5）	来自新客户的销售收入（0~5）	产品差异化的关键特性（0~5）	参与竞争的必要特性（0~5）	总分
1	特性增强	将屏幕渲染时间降低到2秒	客户、技术支持部门	5	5	0	0	0	5	55
2	单点登录	允许应用程序不再需要多次认证	客户	3	5	2	1	0	4	52
3	与Salesforce.com的整合	与Salesforce.com进行完全的数据同步	销售、客户	4	2	0	2	4	4	46
4	Internet Explorer浏览器新的发布支持	完全兼容即将发布的Internet Explorer浏览器	客户、管理层	4	3	2	4	0	5	60
5										0
6										0

注 1．权重的总分应为100。

2．在评估痛点时，考虑特性使用的困难程度，以及使用频率。

3．必须考虑受影响的客户的百分比及他们的容忍度。

4．你应该把不采取挽留措施就会流失的客户产生的追加销售收入算到新客户里面。

图6.1 优先级矩阵

步骤5：完整性——检查结果。如果结果令团队感到不满意，那么这通常意味着团队需要对权重或分值进行更多调整。也许在每个人的直觉中，与Salesforce.com的整合应该是最优先考虑的特性。也许团队低估了赢得新客户的重要性，所以Internet Explorer浏览器新的发布支持名列前茅。通过围绕矩阵的答案再次进行讨论，团队将重新校准其优先级并达成一致。优先级排序练习将个体不同的、隐性的知识转化为属于整个团队的、显性的、融合的知识。

注意：此处的示例是提供业务价值的首次评估。它没有考虑成本或工作量。如果开发团队用故事点进行了比较好的估计，可以将这些作为潜在标准添加进来。加进来的标准要被列为“低成本”标准，因为你希望排名第五的需求是最想要实现的；换句话说，排名第五的需求是最便宜的。现在，由于在此过程中排名的许多需求很可能是“史诗”，因此还没有进行大小的估计。在这种情况下，从优先级矩阵中拿出排名最高的需求，对该故事进行开发，并在有了大小估计后重新评估。

优先级矩阵是轻量的、快速的，而且非常有效。这是一个简单的工具，可以帮助利益相关者明确他们对价值的信念。它专注于对机会的排名，不需要创建高级的投资回报率模型。你可以在http://www.agile-excellence.com上下载优先级矩阵模板。

选择迭代长度

迭代长度为团队和开发设定节奏。这个周期要足够长，足以完成一些值得展示的东西，还要足够短，以便能够显示进度并得到最多的反馈。对于节奏很快的Web服务，我建议周期为两周，而对于“传统”的软件产品，我建议周期为30天。每周一次迭代可能适合早期产品，或者用于为客户不太满意的和可能被取消的项目提供快速修复。

同样，迭代周期超过4周可能会面临与传统软件开发项目一样的风险。与开发团队合作，确定合适的迭代周期，并随着团队在敏捷模式下开展工作时进行调整。

估计故事大小

如前所述，开发团队需要能够估计构建每个用户故事的工作量。估计大小是一项团队工作，如果团队是第一次使用敏捷，那么有一些方法可以简化这一过程。

第一种方法，团队按相对大小对用户故事进行排序（见图6.2）。然后抽出最小的故事，衡量它是不是团队可能遇到的最小故事。如果是，将其设置为一个故事点，然后估计其他故事相对于第一个故事的大小。

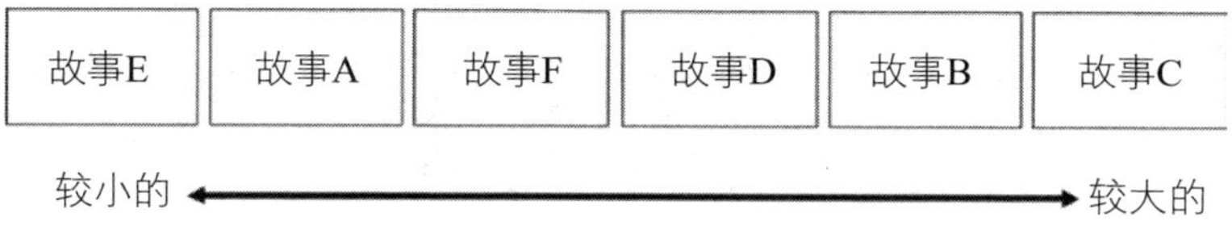

图6.2 根据大小按顺序排列故事

第二种方法，由詹姆斯·格宁（James Greening）于2002年首次提出，并由 Mountain Goat Software公司的迈克·科恩推广，称为“计划扑克”（Planning Poker），如图6.3所示。在计划扑克游戏中，团队成员围坐在桌子旁，产品负责人为成员挑选一个故事，并简单解释其功能，供成员讨论。每个团队成员估计完成这个故事所需时间，然后从他的扑克牌中挑选一张有合适数字的扑克牌并将其面朝下放置，然后每个人都说出自己的答案。估计最大的和最小的团队成员解释为什么他们认为自己的估计是准确的，然后团队的其他成员分享自己的观点。接着重新估计时间并再次出牌，直到对估计时间达成共识为止。这种方法能够鼓励团队成员进行深入讨论。

扑克牌上的数字是修改后的斐波纳契序列（下一个数字是前两个数字之和）。鼓励团队将较大的故事分成可以更好估计的较小故事。扑克牌上的数字“0”代表故事已经完成或故事非常简单，很容易完成。当团队成员无法估计故事点时，就用带有“？”的扑克牌，但应尽量少用。如果过于频繁地使用带有“？”的扑克牌，团队需要更多地讨论故事并在团队内更好地实现知识转移。

图6.3 计划扑克[1]

测试和Beta策略

敏捷提供了调整测试和Beta计划的机会，以加快对客户的反馈和价值交付。对于具有短发布周期的Web 2.0产品，测试通常是迭代的一部分。例如，Six Apart公司，博客软件 TypePad 和Movable Type 的创建者，每两周发布一次。在这种情况下，Beta测试可能是网站上的AB测试或选择加入测试。对于具有较长发布周期的客户端安装软件，你可以添加专门用于测试的整个迭代，其方式与本章前面提到的公司Guidewire 大致相同，后者每年发布一次，并进行八个月的开发Sprint，然后是四个月长的质量保证迭代。当需要进行全面的功能测试、性能测试和集成测试时，加入一些专门用于质量保证的迭代的做法更常见。

1　计划扑克可以在 http://store.mountaingoatsoftware.com/ 上玩，每位玩家（估计者）的费用不到 1 美元。或者，如果公司不支持购买，那你可以自己制作。

虽然单元测试必须百分之百通过，但产品管理仍然需要解决验收测试中出现的或生产中发现的错误。根据经验，迭代中发现的错误应该在该迭代中修复，迭代后发现的错误应该优先处理并添加到产品待办事项列表中。有时将一堆小错误组合到一个故事中是合适的。一些团队，特别是那些带着许多待修复错误向敏捷过渡的团队，更喜欢保留单独的错误修复待办事项列表。但是，产品经理仍需要针对给定的迭代进行优先级排序和合并。我不建议保留单独的错误修复待办事项列表。这只是额外的开销，因为大多数团队的资源都是固定的，并且错误需要比特性优先处理。

对市场营销和销售的影响

到目前为止，我们几乎只关注敏捷的开发方面。市场营销和销售，以及产品管理与部门的互动方式也将受到影响。如果你可以取消或缩短发布周期，则尤其如此。事实上，你应该积极寻求更频繁地向客户提供较小的价值增量。

这样做的结果是：

- 由于更快地吸引了更多客户而增加了收入；
- 通过不过度构建产品来降低成本（最终，你将用更少的开发工作实现更多的价值）；
- 由于更短的反馈周期而带来更好的资源和优先级决策。

由于发布的频率更高，市场营销团队需要调整其节奏。市场营销团队在新闻稿、网站更新和销售门户更新上的开发工作将更小但更频繁。由于发布周期较短，营销团队也希望针对反应迅速的新影响者，如博客和在线商店等。新的度量指标变成每个月分享的内容，而不是在特定印刷出版物的封面上做广告。这种模式更多的是通过始终保持新的话题，来形成关于你的产品或公司的持续对话。这适用于新闻界、公众和客户。目标是保持领先地位。

ReturnPath公司案例研究

ReturnPath公司的马特·布卢姆伯格（Matt Blumberg）试图将敏捷原则应用于市场营销。ReturnPath公司的市场营销部门根据为期6周的发布计划来规划市场营销项目，每个发布有两次迭代，每次发布一个或两个主题。对于每个市场营销迭代，市场营销团队与主要利益相关者一起进行计划会议，并举行每日站会。并且，利益相关者可以随时提交营销项目到产品待办事项列表中。该市场营销团队还为迭代期间可能出现的一两个机会项目保持足够的缓冲。ReturnPath公司的实验为组织如何将敏捷应用到产品开发之外提供了一个早期的例子。这样的方法确保优先级最高的项目得到处理，并且对整个集团和公司都可见，团队之间和团队内部进行协作和沟通。[1]

共享路线图的规则

是否及如何共享路线图，要共享什么，这是产品经理最喜欢的主题，敏捷也可以积极地改变这一点。首先，市场营销团队是知识渊博的合作伙伴和产品利益相关者。在需求收集、开发和启动过程当中应

1 http://onlyonce.blogs.com/onlyonce/2006/02/agile_marketing.html。

与市场营销团队积极协作。做到这些以后，请参考下面的共享路线图指南。

如果你当前的路线图共享规则运作良好，那就继续使用它们。根据需要制定外部路线图。然而，与敏捷的一个重大区别是，产品待办事项列表应该在公司内部可见，因此可以充当中期产品意图（9~15个月）的仪表盘。你的成员应该知道你在当前迭代中计划的内容，以及你根据待办事项的顺序所定的优先级。

你的团队必须认识到，优先级和路线图会发生变化，路线图不是承诺。如果市场营销团队的成员通过内部文档对客户做出承诺，则这是一个培训问题，应该按照培训问题解决。你不应该因此而砍掉整个市场营销部门。使用敏捷之后，这种行为不太可能发生。由于可工作软件的递增交付，市场营销团队将对给定发布中的实际内容有更好的了解。对于销售周期较长的公司而言，能够演示将在下一次发布中出现的特性，实际上可能是一个很大的优势。眼见为实，客户知道销售代表没有做出空洞的承诺。

通过路线图和产品待办事项列表，敏捷为产品管理提供了两个很好的沟通工具，使其更加透明，能够更早地获得关于产品计划的反馈，并容易在成员之间达成一致。我鼓励你利用这些优势，并真正考虑与你的客户分享更多细节。开源公司将透明度作为产品差异化和收入增加来源。即使像Chordiant Software 这样的封闭源代码公司也都将透明度放在了客户的前端和中心位置。归根结底，透明度可以帮助进行更好的决策。

第7章 围绕敏捷进行组织

在本章中，我们将研究如何根据项目规模和团队结构来最佳地围绕敏捷进行组织。我们将再次使用Scrum作为示例方法。我们将讨论产品经理是产品负责人的情况。虽然产品经理通常是产品负责人的合理人选，但该角色带来了更多的责任。你将：

1. 必须回答团队的问题，以帮助他们保持最高的工作效率。
2. 需要编写用户故事或其他形式的需求声明。即使你不改变记录需求的方式，编写需求的工作也会更加常规和稳定。
3. 更多地参与编写验收测试，即使你有一个质量保证团队。
4. 帮助质量保证团队进行验收测试，如果你没有质量保证团队，则需要完全由你自己进行验收测试。团队应该进行自动化单元测试，由此可以在很多方面减轻测试负担——但是你将在整个迭代过程中进行验收测试。就像编写需求声明一样，这一工作也会更加稳定。

谁应该做什么

在讨论公司如何组织以成功实施Scrum和敏捷开发之前，我想强调的是，没有正确和错误的答案，只有更好和更糟的解决方案。在我的职业生涯中，我发现每个先入为主的概念——“必须”如何成功运作——都存在例外。我不再以绝对的方式与客户交谈，而是尝试分享对他人有利的事情和被证明危险的事情。如果说我学到了任何经验，那就是个人技能、个性和气质比头衔和报告等级重要得多。因此，不能说产品管理应始终分为内部和外部的责任，或者说策略应站在某一边。相反，答案取决于产品的复杂性、生命周期的阶段及团队成员的个人才能。以下是有关如何组织的一些指导原则。做你感觉正确的事情，并跟踪进度以确定是否需要进行变更。

一个Scrum团队

如果你拥有一个处于同一地点的Scrum团队，通常产品经理就是产品负责人，并保留全部产品管理职责。产品经理可能负责内部和外部的营销。如果还没有这样做，他也应该与团队坐在一起或坐在他们旁边。

两个Scrum团队

如果两个Scrum团队位于同一地点，通常会将产品管理和产品营销职责分开，由产品经理担任产品负责人，将时间分配给两个团队，编写用户故事和验收测试，并对待办事项进行优先级排序。产品营销经理将负责对外的责任，并与所有其他部门（除开发部门之外的所有部门）及分析师和媒体等合作。他还将负责定价和销售准备等职责。路线图和战略将由产品经理或产品营销经理负责，具体由谁负责取决于他们的技能。

三个或更多Scrum团队

当你在同一地点拥有三个或更多Scrum团队时，对内和对外的责任一般也会分开。通常会有一位产品经理主管，有时也称为首席产品负责人，他负责整个产品战略。每个团队还将拥有自己专门的产品负责人，他可能是另一位产品经理、初级产品经理或业务分析师。

一种替代模式是将产品经理作为产品负责人，但由负责产品各个领域的其他产品经理提供支持。

产品负责人可能是更高级的产品经理，负责确定路线图和待办事项的优先级，而其他产品经理则根据要求为团队提供支持，并作为产品特性的主题专家。在此模式中，所有产品经理都会访问客户，与客户合作，并进行协调，以免给任何一个客户带来负担。

分布式团队

管理分布式团队总是更具挑战性。不管采用何种开发方法，分布式团队的效率低于在同一地点办公的团队。在分布式团队中，协调和沟通更加困难，因为距离、时区、语言和文化阻碍了团队成员的大量非正式沟通。如果你正在着手进行重要的新产品开发，请仔细思考你是否希望拥有分布式团队。如果必须接纳分布式团队这一约束，敏捷将为你提供更好的可见性，以便你可以更快地纠正产品问题。

分布式团队的最佳实践：

- 每个地点在上午进行本地站会以解决当前的问题。
- 所有团队都参加每日电话会议，理想情况是安排在所有人的共同工作时间内。视频站会效果更好。
- 每个地点都有一个Scrum主代理和一个产品负责人代理。代理会定期与其他地点的代理进行同步，并学习如何指导当地团队并保持团队成员的工作效率。
- 团队成员拜访其他地点以增进关系和加强信息交流。

技术可以在克服距离挑战方面发挥作用。基于IP的语音传输（Voice over Internet Protocol，VOIP）和网络摄像头可以化解文化尴尬并使成员拥有在同一地点办公的感觉。让这些技术发挥作用值得付出额外的努力。分布式团队还需要使用协作工具以充当虚拟的任务板，如Rally Software、VersionOne、Xplanner.org及带GreenHopper 插件的Atlassian Jira。还有许多其他工具，你应该能够找到适合你需求和预算的解决方案。除此之外，如果你只有一个远程团队成员，Scrum大师通常可以为该成员提供支持，而团队甚至仍然可以使用真实的任务板。

管理多个项目

开发具有相互依赖性的多个产品的公司，需要确保产品团队能够利用彼此的收益，适应彼此的变化并保持同步。这对于拥有应用程序组、工具组、平台组或仅需要共享资源——如质量保证组——的公司而言至关重要。在Scrum中，跨团队的沟通通过多个Scrum 的Scrum（Scrum of Scrums）会议来进行。

多个Scrum的Scrum会议

多个Scrum的Scrum会议是来自所有产品和共享资源团队的Scrum大师（或其他合适的带头人）会议。如果存在相互依赖性，那些尚未实施敏捷开发的团队的带头人仍然需要参加。与每天都开的每日Scrum会议不同，多个Scrum的Scrum会议通常每周举行1～3次。

Mountain Goat Software公司的迈克・科恩建议领导者在会议期间回答四个问题：

1. 自上次会议以来，你的团队做了什么？
2. 在下次会议之前，你的团队将做些什么？
3. 有没有什么障碍在阻碍你的团队？
4. 你是否打算采用其他团队的方式？

因为这是领导者的会议，所以在每个人都汇报了团队状态后，留出时间来解决问题是合适的。

多个路线图

具有相互依赖性并因此需要同步会议（如多个Scrum的Scrum会议）的公司也需要整合路线图，以沟通发布的时间和依赖关系。产品经理负责创建和维护路线图。路线图需要清楚地显示每个产品的计划和相互依赖性。图7.1显示了一个路线图的例子，该路线图包含工具、产品和平台。箭头标记产品和平台的依赖关系。此路线图以发布为单位，但是如果有并行开发，路线图可能需要解析到迭代级别。

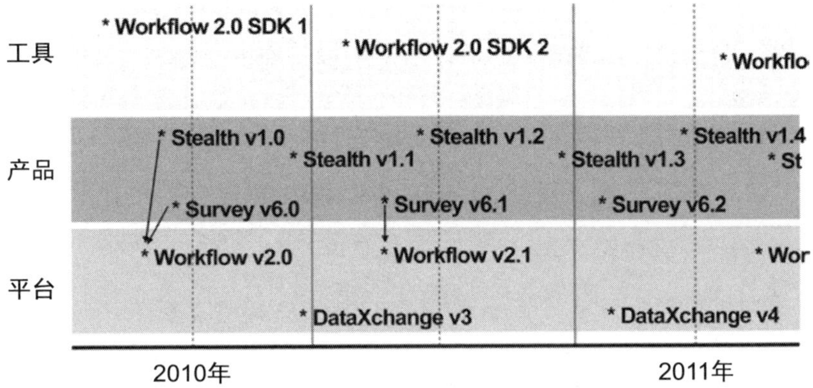

图7.1 整合路线图，显示产品和平台之间的相互依赖关系

团队绩效的障碍

软件开发要求团队合作，对于敏捷来说尤其如此。当团队凝聚在一起时，团队成员相互合作，并朝共同的目标努力。否则，团队成员可能会变得士气低落，绩效表现不佳，效率低下。有时团队会采用敏捷方法，但结果不太理想。然而，问题在敏捷环境中无法长期隐藏。快速迭代和信息可见性会使问题“浮出水面”。以下是一些标志，也称“气味”，你可以用来识别表现不佳的团队，以及影响团队健康的障碍。早期识别和干预是最好的补救措施。

不健康团队的障碍[1]

帕特里克·兰西奥尼（Patrick Lencioni）在他的书《团队协作的五大障碍》（*The Five Dysfunction of a Team: A Leadership Fable*）中描述了一个团队的五种障碍。故事集中于一个虚拟的高科技公司的执行团队，但同样适用于敏捷团队。兰西奥尼的模型有五个相互依赖的要素：

1 缺乏信任——团队成员之间缺乏信任是最基本的障碍，而其他四个障碍都源于此。当团队成员不愿意在团队中承认自己的脆弱时，信任就不存在。团队成员要能够公开分享自己的错误和弱点。如果没有发生这种情况，就无法建立信任。

2 惧怕冲突——如果没有信任，就会出现对冲突的恐惧。团队成员对讨论持谨慎态度，而不是进行有意义的辩论。这通常会被伪装成团队成员已达成共识，但缺乏诚实的辩论和对计划的承诺。

3 缺乏承诺——没有有意义的辩论，团队成员很少会对团队的决策做出承诺。他们不买账。每个成员都只关注他的责任范围，如果团队目标不符合个人优先事项，他们就不会支持团队目标。

---

1 本节将三种思想融合在一起：
帕特里克·兰西奥尼（Patrick Lencioni），《团队协作的五大障碍》（*The Five Dysfunction of a Team: A Leadership Fable*）；
迈克·科恩（Mike Cohn），“迈向 Scrum 气味目录”（*Toward a Catalog of Scrum Smells*），Scrum 联盟，2003 年 10 月，http：//tinyurl.com/ycxjuqz. mountaingoatsoftware.com/articles/11-toward-a-catalog-of-scrum-smells；
普拉门·巴尔干斯基（Plamen R. Balkanski），“团队功能障碍和 Scrum”（*Team Dysfunctions and Scrum*），Scrum 联盟，2008 年 10 月 13 日，http://www.scrumalliance.org/articles/109-team-dysfunctions-and-scrum。

4 逃避责任——由于没有对行动计划的承诺，团队成员会避免对彼此和团队目标负责。如果队友有对实现团队目标起反作用的行为，团队成员也不会质问队友。

5 无视结果——如果不对彼此负责，团队成员就会关注自己的个人目标，如职业发展或职能领域需求，而牺牲团队的共同利益和团队目标。

虽然敏捷流程尝试直接解决这些障碍并且做得非常好，但团队仍然很难克服它们。兰西奥尼的模型有助于理解造成这些障碍的根本原因。

如果团队成员彼此不信任，他们就会害怕坦诚和示弱。团队成员似乎彼此认同，但缺乏坦诚的讨论和诚实的辩论。此问题的其他迹象包括当产品经理、Scrum 大师或其他团队成员走进房间时，团队成员就会变换讨论的主题。另一个标志是回顾会议很简短，几乎没有实质性的讨论，尤其是如果错过了Sprint目标。团队可能会担心冲突，而冲突是解决并处理这些问题所需要的。

如果团队成员彼此不信任，那么团队中的任何一名成员都会因某次失败而指责另一名成员。团队致力于实现Sprint目标，实现此目标是团队的共同责任。如果一名成员表现不佳并且需要帮助，那么团队应该响应并协助该名成员。责备是一种迹象，表明成员没有接受承诺，因此没有实现目标的责任。

第三个迹象是团队成员重复工作，如测试。当团队成员不信任队友的方法并且不愿意直面自己的担忧时，团队会将工作推到看不见的地方。每日站会时也不会提及工作，并且工作效率会下降。

第四个迹象是Scrum 大师分配任务。敏捷团队是自组织的 ，分配任务会削弱开发人员自组织以实现Sprint目标的责任。如果Scrum 大师必须分配任务，团队就会缺乏承诺。关于任务的另一个问题是，专家是否愿意执行一般任务。这个人并不对团队及其目标负责。

第五个迹象是团队成员是否跳过每日站会。每日站会是让团队协调其活动，并让团队成员向同伴做出承诺。这是必不可少的会议，如果召开顺利，它不会超过15分钟。当第一次向敏捷过渡时，开发人员可能认为每日站会是“邪恶的管理监督”，甚至拒绝开口说话。一个补救措施是不在每日站会中设置任何观察员，直到团队成员愿意分享他们的状态并讨论阻碍他们前进的障碍。如果团队成员仍然拒绝参加每日站会，并且不是因为会议失去了重点，那通常意味着团队成员将个人目标置于团队目标之上。在这种情况下，需要持续关注这名团队成员，直到他有所改变。

彼此高度信任的健康团队的成员愿意分享信息并互相提供帮助。他们可以说“我不知道”。高度信任团队的团队成员也可以在不同意的情况下达成一致。他们会说，虽然他们不同意这个决定，但他们愿意接受并支持它。作为产品经理，你可以通过询问有关方法和计划的开放式问题，扮演“魔鬼的辩护士”，以及将对话集中在Sprint和客户目标上来帮助团队成员改变。但是，你不能通过命令要求团队成员改变。只有团队成员自己想要改变并互相信任，才能取得进展。如果团队存在根深蒂固的信任问题，可以采取一些步骤，兰西奥尼在他的书中就如何建立信任基础提供了建议。一个例子是让团队成员分享他们自认为的优点和缺点。然而，这一级别的变更管理和引导工作超出了敏捷团队产品经理的角色，本书不会涉及。如果这是你需要的，那是时候从外部引进引导师和教练了。

健康团队的障碍

并非所有问题都源于团队缺乏信任。有时团队乐意接受敏捷方法和承诺，但结果仍不尽如人意。理想情况下，团队会在回顾会议中处理这些问题，但要外部观察者真正识别问题并不总是那么容易。健康的团队有时甚至会失去节奏。如果总是不能实现Sprint目标，这就是需要注意的一个迹象。以下是团队可能会有问题的一些迹象：[1]

1 客户在早期迭代中提供的反馈很少，在查看后续迭代时就之前的迭代提供了大量的反馈。进行小迭代开发的一个原因是要加快学习速度。产品经理负责确保客户提供完整而诚实的反馈。强调客户意见对解决方案开发的重要性。无论是否参与产品开发，在与客户交谈时将自己与产品的距离拉远一点儿，这样客户就不会觉得他们可能在批评你。你可以简单地向客户说明，开发团队刚刚完成此迭代，而你希望获得他们关于工程进度的反馈。用诸如“有趣”和“告诉我更多”之类的短语来鼓励客户继续开诚布公。不要为设计辩护。如果你表现得像在辩护，那么客户将不愿意再继续提供反馈。这是倾听时间。

2 故事在一次迭代中没有完全实现。当故事较大时，如最小可市

1 阿姆·艾尔萨曼（Amr Elssamadisy）和格雷戈里·沙利奥尔（Gregory Schalliol），“认识并应对极限编程中的‘不良气味’”（*Recognizing and Responding to "Bad Smells" in Extreme Programming*）。

场化特性的大小，产品待办事项列表的管理会更容易。随着产品逐渐成熟，新特性的实现通常需要更长时间，因为系统中有更多部分将受到影响。当故事不再适合（或恰好适合）单个迭代时，就要将故事进行细化。

为了尽量减少对产品待办事项列表的影响，请等到最后时刻再拆分故事，如在Sprint计划会议之前。要允许在计划会议中进一步拆分故事。

3 在系统准备用于实际生产之前需要进行清理迭代。团队有时会感到不得不保持自己的速度或被迫证明其估计的准确性。为此，他们可能会省略编写自动化测试、文档或遵守图形用户界面标准。这些都是每次迭代的必要元素，如果没有它们，迭代不应该被认为已经完成。“完成”只有一个定义。不要让团队成为团队速度的“奴隶”。速度将随着时间的推移而变化，产品经理的职责是相应地调整迭代和发布计划，并使团队专注于客户的需求。

4 单元测试通过，但系统仍然无法运行。如果单元测试通过了以前的迭代，但功能测试没有通过，那么这时就该开始自动化功能测试了。测试自动化的程度是一个权衡的决策，但覆盖范围越大，系统越可靠，新的迭代就能越快发布。

5 大型重构。如果团队持续开发大部分或全部迭代来进行重构，那么这通常意味着他们忽略了在之前的迭代中执行较小的重构机会。与团队交谈，看看他们是否会在遇到每个机会时进行重构，并在所有迭代中更平均地分散重构负担。

对于新团队和采用敏捷思维有困难的团队，进行每日的回顾会议（通常在每天结束时）也会有所帮助。是时候对流程进行讨论，强化良好的习惯，并询问你希望团队尽快解决的问题类型了。随着时间的推移，可以不用再举行每日的回顾会议，只在迭代结束时举行一次回顾会议就可以了。

团队的人员配备

随着软件开发的发展，技术人员成功所需的技能也在不断发展。过去，工程师都是根据技术能力聘请的；有问题亟待解决，企业需要专家来解决这些问题。之后，企业意识到只有技术能力还不够。工程师还需要具备良好的沟通技巧。这是与同行和管理层有效合作的必要条件。敏捷现在对工程师提出了第三个要求：他们必须是优秀的团队成员。然而，并非所有工程师都喜欢成为团队的一员。喜欢配对编程等做法的人更少。

在某种程度上，团队的人员配备在你的控制或势力范围内，重要的是区分有能力的（好的团队成员）、愿意的（目前不是好的团队成员，但有学习的愿望）和不愿意的（不好的团队成员，缺乏改变的愿望）人员。让一个特立独行或爱耍大牌的人加入团队是不会有人受益的。这个人自己会感到不快，团队的其他成员也会感到不快。没有团队合作精神且对获取技能不感兴趣的工程师和其他员工，应该转为公司内部的个人贡献者角色。如果公司没有个人贡献者角色，最好让该人在其他更符合其个人技能和气质的公司寻找新的机会。这是真正负责任的行动。

敏捷工程师应该在技术上很有能力，也具有良好的沟通能力和团队合作精神。在招聘和为团队配备人员时，请考虑这三个方面。如果某人不适合团队并且不太可能改变，请提供一个优雅退出的机会。每个人都会因此而感到更快乐。

第8章 极限编程和精益软件开发

在追求敏捷的过程中，我们需要了解哪些最适合我们的公司和产品。因此，有必要了解敏捷的不同风格。到目前为止，我们主要关注Scrum，在此基础上，我们现在介绍另外两种方法：极限编程（XP）和精益软件开发。

极限编程

极限编程之父肯特·贝克（Kent Beck）于1996年在克莱斯勒的薪资系统工作时开发了这种方法。2000年他在《解析极限编程》（*Extreme Programming Explained*）一书中发表了他的经验。他写道："极限编程是一种轻量级方法，适用于面对模糊或快速变化的需求来开发软件的中小型团队。"[1]贝克的目标是快速交付价值，下面是极限编程定义中的一些关键词：

1 贝克，《解析极限编程》，第XV页。

1 “轻量级”

2 “中小型团队”

3 “模糊或快速变化的需求”

首先，是什么让极限编程这么“极端”？极限编程将作为“常识”的开发原则提升到极端水平。如果代码审查被认为是好的实践，那就通过结对编程执行持续的代码审查。如果测试有助于产生无错误的代码，那就编写每天多次运行并执行频繁的自动化单元测试。如果重构有助于改进代码，开发人员应该寻找机会来实现它。如果集成测试有助于发现问题，那就每天完成一次或多次完整的软件构建。

其次，与其他敏捷方法一样，极限编程专注于短迭代。极限编程团队并不是就整个系统进行设计、构建，然后再测试，而是就系统中的一个个小的功能进行设计、构建和测试，使这些功能从头到尾是可运行的。极限编程也重视简单性。它专注于提供最简单的设计来支持当前的功能，仅此而已。

极限编程的核心价值

极限编程有4个核心价值：

1 沟通——有意创建沟通实践，以确保开发人员和业务用户之间的沟通，包括估算、结对编程和验收测试等实践。

2 简单——最好只满足当前需求，如果需求增长，那就多花点儿时间来改变它，而不是下赌注去开发可能永远不会使用的更复杂的功能。基本上，软件开发中的套期保值是无利可图的。要时不时地从极限编程中走出来，并从精益开发的角度看问题，编写不会立即使用的代码就像留着易腐坏的存货，它们可能在用到之前就已经坏掉。

3 反馈——反馈在极限编程中无处不在。自动化单元测试每天运行多次；产品经理（或业务用户）收到故事大小的估计值，使其知道需求是否清晰可行；根据计划来跟踪进度，产品经理和客户进行验收测试；并且该系统很快就会用于生产。这些都为快速而有意义的反馈提供了机会。

4 勇气——开发人员需要勇气快速行动、抛弃和重构代码、尝试新方法，并努力赢得胜利。开发人员要有勇气始终致力于为客户提供最大价值，而不是试图保护自己免受责备。

极限编程的核心实践

极限编程还有12个核心实践：

1 规划游戏——通过平衡业务优先级和技术估算来确定下一版本的范围。产品经理决定优先级并确定范围和日期，而开发人员负责估算、流程、技术结果和开发的详细进度计划。

2 小的发布——将一个简单的系统提前投入生产，通过小规模的计划和交付降低风险。

3 隐喻——极限编程对架构的称呼。系统隐喻用业务团队成员和技术团队成员都能理解的关于系统如何工作的故事和词汇来指导开发。

4 简单的设计——保持设计尽可能简单，避免添加任何不需要的内容来支持当前的功能。随着系统开发的进行，在发现复杂性时就删除它。

5 测试——开发人员编写的单元测试必须100%运行通过，之后才能继续开发。产品经理（或客户或质量保证人员）编写功能测试来确定需求已经实现。

6 重构——在不改变行为的情况下，开发人员要找到对系统进行重构的机会，以简化、增加灵活性并提高性能。只有关注单元测试，才可能做到这点。

7 结对编程——两个开发人员在一台机器上工作，交替编程和审查代码。

8 集体所有权——任何开发人员都可以随时随地变更任何代码。

9 持续集成——每次开发任务完成后，系统都会进行集成和构建，通常每天进行多次。

10 每周工作40小时——开发人员每周只工作40小时，而且不要连续两周加班。在通用的敏捷术语中，这个规则通常被称为“可持续的节奏”。开发人员需要充分休息来编写有效的代码。如果他每周工作60~80 小时，那么代码的质量就会受到影响，他的个人生活就会渗透到工作当中，他会在工作时购物、发邮件、阅读新闻等。最好到办公室工作一整天，回家放松一下，第二天早上再来。

11 现场客户——极限编程倡导真实用户到现场，和团队一起，随时回答问题。在商业软件开发中，现场客户可以是产品经理或Scrum产品负责人，或者与之相同的角色。

12 编码标准——所有代码在编写时都符合强调沟通这一标准，以便团队成员可以轻松移动并处理其他成员的代码。

我同意所有的极限编程实践，特别是每周工作40小时。此外，团队只有遵循所有这12个核心实践才能实现极限编程的全部好处。有3个核心实践——规划游戏、测试和持续集成——触及产品管理的核心，值得进一步探索。

规划游戏定义了代表商业利益（产品管理）和技术利益（开发）的人员之间的互动和责任。它促进了围绕需求、隐含条件和最佳且可行的业务解决方案进行的健康而诚实的对话。在极限编程中，需求记录在故事卡上，并充当对话的占位符。与产品需求评审期间经常发生的单向对话相比，针对故事的双向对话更有效率。评审小组人员不会在故事审核中打瞌睡，因为故事足够小，而且对话有足够的互动，以保持其趣味性。如果产品具有需要传达的复杂业务逻辑，则可以在故事中添加补充文档。然而，如果你的目标是要形成需求的技术方案并获得相关的反馈，那么使用故事和对话仍然是沟通业务需求的更自然的方式。

然后，开发人员使用相关的度量标准，如故事点，来估计故事的大小和工作量。这可以有效地提供团队工作效率或速度的真实情况，这是发布和迭代计划的关键输入。正如我们在第4章中看到的关于发布计划的内容，一旦知道了团队的速度，规划就很简单。获取优先的故事卡堆栈，并根据团队过去的速度计算出尽可能多的故事点。产品经理可以对下一次迭代中的内容及何时准备好发布内容，或者对是否需要调整范围以便在预定的日期发布进行实际评估。极限编程规划不需要任何开销，并且比传统的软件发布规划更客观。实际发布日期是以不可预测的方式变化的。极限编程支持有信息依据的决策和权衡。

在开发每个新特性时，团队构建的自动化单元测试能够保证代码可靠。这消除了因设计决策（如性能）或围绕需求进行澄清而导致团队不得不进行后期变更的重大风险。此外，错误修复往往不会引入新的错误，并且修复的错误也不会再出现，因为针对发现的每个错误都会编写新的测试。如果没有单元测试，当需要对已经投入生产的产品紧急打补丁时，我会与开发人员一起尝试评估修复的风险。虽然这种问询仍然有必要，但通过单元测试，开发人员对修复会比较有信心，也会有一定的确定性，该修复不会改变系统其他部分的行为。

除了有助于提高系统质量，持续集成还能让产品经理了解开发工作的进度。产品经理能够看到代码可以运行，这一点使其能够在流程的早期确认需求已被正确地传达和理解。沟通差距在早期被捕捉到，就可以被纠正，从而对时间表和产品质量几乎不会产生任何影响。

任务和极限编程

极限编程团队倾向于不将故事分解为任务。燃尽图基于剩余的故事点或故事。原因很简单：极限编程人员认为，计划会议发生在迭代开始时，这时是团队对实施知道的最少的时候。因此，在此时创建任务和对任务做出承诺是不明智的。在审核了需求、代码及其隐含条件之后，最好让开发人员可以自由地优化实施。跳过任务的创建和估计工作，还有利于减少开发团队的计划和估计时间。

精益软件开发

精益软件开发将丰田（又名丰田生产系统）开发的精益制造理念应用于软件开发。其重点是通过频繁交付有用的工作软件增量，在整个开发过程中促进价值流动。这是通过让团队专注于稳定（在开发周期的每个阶段保持稳定工作）、使正在进行的工作最小化和缩短周期时间来实现的。

玛丽·帕彭迪克（Mary Poppendieck）和汤姆·帕彭迪克（Tom Poppendieck）将该制造方法应用于软件开发，并将其发布在他们2003年出版的《精益软件开发》（*Lean Software Development*）一书中。他们详细阐述了精益的7个关键原则：

1 消除浪费

2 构建完整性

3 着眼全局

4 延迟决策

5 尽快交付

6 增强学习

7 团队授权

下面，我将根据这些关键原则与产品管理相关的不同程度，以及它们超出我们已经讲过的敏捷概念的不同程度来对它们进行讨论。有关该主题的完整阐述，请参阅帕彭迪克的书。[1]

消除浪费

“消除浪费”是7个关键原则中最基本的。浪费被定义为任何不能为客户创造价值的东西。在这一原则下，丰田确定了7种类型的制造浪费。玛丽·帕彭迪克和汤姆·帕彭迪克对这些类型进行了调整以描述7种类型的软件开发浪费：

1. 部分完成的工作——软件开发过程中未完成并发布给客户的任何内容都被视为部分完成的工作。因此，尚未构建完成的需求、尚未集成到系统中的完整代码、等待测试的代码及等待部署的代码，都是部分完成的工作。精益看起来可以最大限度地减少这些状态下的工作。
2. 多余的流程——不必要的文书工作和签字可能是此类别中最大的浪费。对于每个流程，确定是否有接收者，以及最少需要什么。
3. 多余的特性——多余的特性包括没有用的功能等显而易见的东西。该类别还包括预计将来会被使用但目前尚未使用的代码。所有代码都必须维护并承担成本。如果不需要，就像在极限编程中一样，将其从产品中除去。
4. 任务的切换——切换任务需要时间。因此，让开发人员一次专注

1 玛丽·帕彭迪克（Mary Poppendieck）和汤姆·帕彭迪克（Tom Poppendieck）的《精益软件开发：敏捷工具包》（*Lean Software Development: An Agile Toolkit*）。

于一个任务和一个项目是最有效的。除此之外都会产生浪费。

5 等待——任何使客户无法实现价值的延迟都是浪费。而且，如果客户无法实现价值，公司也无法实现价值。精益寻求将从审批和需求到编码、测试等所有方面的浪费降至最低。

6 移动——移动被认为是浪费。努力减少开发人员为了得到问题的答案和了解测试状态而需要的移动和工作量。这也适用于文件和制品的移动。文件从一个人移到另一个人（如产品经理到设计师）时，就会有被误解和浪费的可能。

7 缺陷——这有点儿复杂，但缺陷的成本是缺陷影响与检测缺陷所需时间的乘积（影响乘以时间）。因此，在开发过程前几分钟内发现的大缺陷几乎不会产生浪费。然而，在生产中徘徊数周的小缺陷会产生更大的浪费，因为需要花费大量精力记录问题，并将其传达给适合的员工，了解原因，解决问题，测试修复，以及将其部署到生产中。在生产中发现的小缺陷通常需要大量的修复工作。

识别浪费的一个工具是价值流图。构建第一轮价值流时应该保持在较高水平，团队花费时间不应超过一两个小时。首先，明确流程中的主要步骤与执行每个步骤所需的时间。这被称为“工作时间”或“增值时间”。其次，计算每个步骤花费的等待时间或非增值时间。通过将工作时间与流程总时间进行比较，可以计算过程循环效率。

图8.1中的价值流基于我做过的一个传统开发项目，其过程循环效率为41%。在290天的整个流程中，我们只增加了120天的价值。现在，

看一下工作间的连接，团队效率实际上相当高，但随后有一个巨大的队列，用于迁移客户，平均需要150 天。事实上，最后一个客户在产品已部署到生产中的9个月之后才迁移。更令人惊讶的是，这是一个所有客户都认为非常重要的发布。因此，对于此过程，通过改善迁移时间很容易加快价值交付。

图8.2中的价值流图与图8.1中的价值流图形成了鲜明的对比。这是我做过的一个最有效的敏捷项目图。非增值时间达到最小。不可否认，尝试在两个价值流之间绘制完美的平行线是不公平的。它们适用于不同类型的产品。但是，你可以看到，在图8.1中交付产品所花费的290天内，该团队将在第二个项目上完成13次迭代，并且很可能在同一时间内为客户提供更多产品，甚至更快地交付。

价值流图可以帮助发现流程中的约束，如果能够删除这些约束，则可以大大提升效率。此外，如果你正在执行非增值活动（输出没有受众的活动，但因合同义务你不得不做），那就尽量花最少的时间去做。通常，在等待批准、项目进入质量检查或编写文档等步骤时，会有非增值时间。价值流图可以揭示这些非增值活动并帮助你提高公司效率。

如果高层次的映射被证明是有用的，则可以进行深入的价值流分析。这通常需要将近3天的时间，包括分析当前状态、设想未来状态及创建实施计划。预计未来状态计划的实际实施时间将从一个月到一年不等，具体取决于所需要的变更的程度。[1]

1 德鲁·劳克尔（Drew A. Locher），《敏捷开发的价值流图：如何缩短上市时间》（*Value Stream Mapping for Lean Development: A How to Guide for Streamlining Time to Market*）第1—2页。

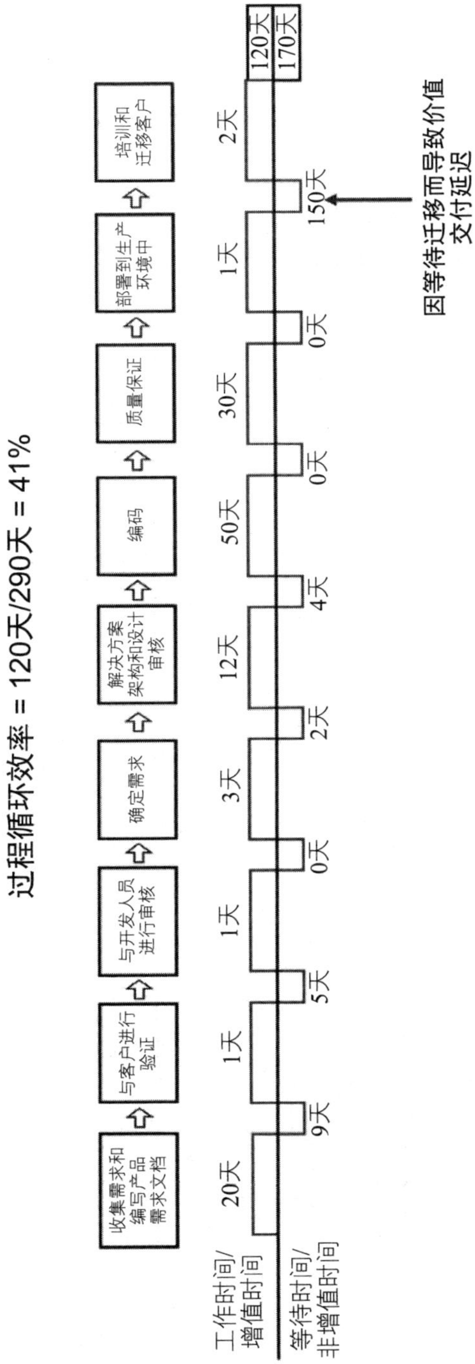

图8.1 具有长的客户迁移队列的价值流图

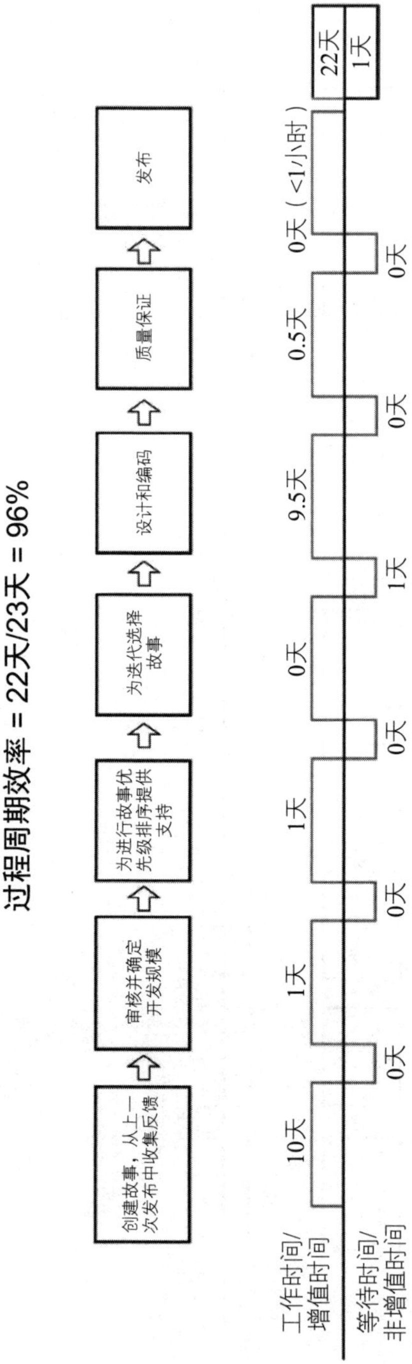

图8.2 敏捷项目的价值流图

构建完整性

产品完整性涉及产品满足客户目标的程度，以及产品“融合在一起”的程度，因此它具有外部和内部组件。玛丽和汤姆分别将这两者称为可感知的完整性和概念完整性。

可感知的完整性是指产品通过在性能、可用性、质量（或可靠性）和价值之间取得完美平衡来使客户满意的能力。当信息在客户、专家（如产品经理）和产品团队（如开发人员、设计人员和测试人员）之间有效流动时，可感知的完整性就得以实现。我最喜欢的产品之一是TechSmith的SnagIT，我用它来进行屏幕截图和简单的图像编辑。它功能强大，易于使用，效果非常好，而且只需45美元。对我来说，这款产品具有很高的可感知的完整性。

概念完整性是指系统的核心组件作为一个有凝聚力的整体协同工作的程度。因此，该架构在灵活性、可维护性、效率和响应性之间取得了完美的平衡。当信息在产品团队中有效流动时，概念完整性就得以实现。虽然我喜欢Visio，但对我而言，它作为Microsoft Office的一部分具有较低的概念完整性。在Visio中，当我选择一个对象（如矩形）时，我必须将其拖动到工作区，然后调整大小。在PowerPoint中，我单击该对象，然后在工作区中绘制它。同样，在Visio中，我必须先突出显示文本图标，然后才能将文本添加到形状中。使用PowerPoint，我突出显示对象并开始输入。这些都是小问题，但很明显，Visio的表示层表现不同——因此与其他Office应用程序的架构不同。当Visio包含在Microsoft Office套件中时，应用程序的内聚性就失去了。另外，Word、Excel和 PowerPoint真的看起来像一个有凝聚力的整体，我能够流畅地在它们之间进行切换。

由于产品完整性在很大程度上取决于信息流，因此，要想用传统的序列化开发来实现高的完整性，是很有挑战性的。你不能只将产品需求展示出来，然后期望有一个好的产品被开发出来。在知道所有事情之前，你需要尽早并经常在客户和团队成员之间发布部分信息，以缩短反馈周期并使所有人保持一致。在使用传统的顺序开发软件应用程序时，我学会了利用一种被称为“剥洋葱”的方法。当还没有写产品需求文档时，当不知道产品需要做什么时，我会从产品定义阶段开始就让开发团队参与进来。我们将根据客户的反馈和开发团队的早期指导来进行需求的迭代。这是我的应对策略，目的是将完整性构建到一个本身并不支持它的过程中。敏捷利用小的迭代及团队成员与客户之间的深度沟通，使构建完整性变得更加容易和自然。

着眼全局

“着眼全局”寻求运用系统性思维，以尽快为客户提供价值。它使团队专注于优化整个产品流程而非个别领域。例如，优化一个方面（如编码）并不一定能优化产品的周期时间。如果质量保证人员需要做的测试数量超过其可以处理的数量，则排队理论认为让开发人员和产品经理协助测试更为可取。目标是使周期时间最小化并使交付价值最大化，而不是使给定资源的利用率最大化，即使像开发人员这样宝贵的资源。

优化整体对度量具有重要意义。首先，重点关注信息度量，如错误的数量，而不是绩效度量，如某个开发人员制造的错误数量。绩效度量主要聚焦于个人。绩效度量因为结果而惩罚人们，但结果往往并不受人们控制，除此之外，绩效度量还让人们产生错觉，误以为错误原因已经确定。这会阻止团队寻找问题的根本原因，如错误是如何进入系统的。

其次，要避免针对分解的组件进行度量，因为这将导致优化的是组件而不是整体。不要因为成本、进度和范围对产品的成功很重要就去度量它们，要度量客户满意度、业务案例实现（针对公司或客户）及周期时间（如产品概念的发布）。同理，要在比员工的个人贡献更高的层次上进行度量。因此，整个产品团队应该度量产品的成功，而不是个人贡献方面。整体的度量标准使不同部门的团队成员保持一致，以使交付给客户的价值最大化。

其他精益原则

剩余的4个精益原则已经在敏捷的一般性讨论中得到了很好的阐述。这里将尽量简短地描述。

延迟决策。延迟决策的目的是将决策推迟到你获得最多信息的“最后负责时刻”[1]。如果定义好的需求经常变化，那说明它们定义得太早了。如果团队无法准确估计需求，或者在开发或验收测试期间出现了过多的需求，那说明它们定义得太晚了。通过这点，你可以看出一个产品经理好不好。共享部分信息，无论是需求、设计，还是代码，与你的同事充分沟通，迭代和开发解决方案，是精益和敏捷成功

1　我在玛丽·帕彭迪克和汤姆·帕彭迪克的《精益软件开发：敏捷工具包》一书中接触到这个术语，它表达了平衡的、考虑周全的行动、准时交付和风险管理。作者将该术语归功于精益建筑学院（http://www.leanconstruction.org）。

的关键。

尽快交付。这个原则为“延迟决策”提供了补充，因为交付速度越快，你就可以越晚决定或承诺接下来要构建的内容。此外，在部分完成的工作中隐藏着浪费，而尽快交付可以消除浪费。排队理论表明，处理工作的最有效方法是使以稳定的速度在系统中移动的小批量频繁到达。基本上，队列越长，处理的可变性越多，系统的周期时间越长，因此，将需求从构思转移到部署所需的时间越长。将来自制造业中的看板系统用于排队的工作，直观上就可以很容易地看到每个需求在整个过程中所处的阶段。

增强学习。这与第1章关于定义的经验过程和快速反馈周期之间差异的讨论联系在一起。软件开发是一个经验过程，就像新产品开发一样。团队在问题和解决方案之间循环，寻求最佳的答案。迭代开发增加了学习周期的频率，从而增强了学习，使团队能够更快地创建更好的解决方案。

团队授权。所有敏捷方法都涉及团队做出承诺并履行承诺。作为产品经理，我们的工作是确定方向、明确业务案例并解决问题。然后，我们必须愿意退后一步，相信团队能够开发出解决方案。

产品管理在价值定义中的角色

精益从客户的角度定义价值，因为客户维持业务的长期存在。价值在以确切的价格和时间点用特定产品或服务来满足客户需求的背景下被进一步审视。发现价值需要一个专门的产品团队，他们愿意超越现有产品和对核心竞争力的信念，与客户进行对话，以了解客户如何感知到价值。[1]组织这样的工作以努力了解客户，是产品管理的责任。如果做得不好，开发团队也能优化新特性的交付，但会错过重新定义客户价值方程的机会。此外，价值创新通常发生在围绕产品的新服务中而非产品本身。

精益软件开发原则为产品管理带来了新的含义。例如，“着眼全局”不仅优化产品流程中的价值交付，也优化客户的价值交付。映射客户的价值流，可以对公司产品之外的浪费有新的了解。通过此练习，你可以了解产品如何适应客户的价值流。它可以进一步揭示新产品创意或与客户供应商合作以增加向客户提供价值的机会。

精益实践

精益消除了迭代，专注于周期时间、速度和消除浪费。由于没有时间框，精益允许需求在系统中连续流动。*Scrumban*[2]一书的作者科里·拉达斯（Corey Ladas）已经将精益扩展到了50名成员的团队，并提供了如图8.3所示的任务板。左侧的绿卡是功能性需求，代表小的功能规格说明和测试规格说明。右边的黄卡是功能性需求的特性，这些功能性需求足够小，编码几天就能完成。目标是通过调整带宽和延迟使速度最大化，带宽指的是垂直的每个队列有多少需求，延迟指的是一个需求从开始到结束水平移动所需的时间。

精益规划在新需求进入队列时进行，或者在工作进程中定期进

1 詹姆斯·沃麦克（James P. Womack）和丹尼尔·琼斯（Daniel T. Jones），《精益思想：为你的公司消除浪费，创造财富》（*Lean Thinking: Banish Waste and Create Wealth in Your Corporation*），第16—19页。

2 科里·拉达斯（Corey Ladas），“精益软件开发看板系统的论文集”（*Scrumban-Essays on Kanban Systems for Lean Software Development*）。

行。对于产品经理，当绿卡从左侧建议列移动到相邻分析列时，这是添加另一个建议的特性的拉动信号。在此示例中，任何时候都允许队列中有5个需求。

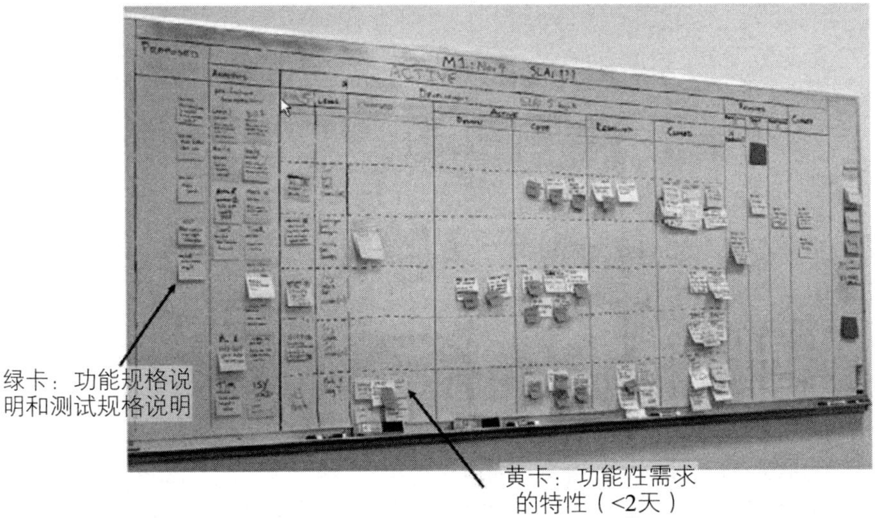

图8.3 精益看板

在连续流系统中，会出现一个有趣的现象：不需要估计需求的大小，因为你只需要知道平均大小和团队的速度。使用累积的流量图（Cumulative Flow Diagram，CFD）（见图8.4）而不是燃尽图来跟踪。图8.4显示了需求从待办事项到完成的状态。同样，一些极限编程团队将故事进行拆分，直到故事变小且可行为止。团队也不用进行估算，只通过计算每次迭代的故事（而不是故事点）来度量其速度。这些方法适用于开发团队，特别是那些在估算上有困难但冒险跳过产品管理关于每个特性的成本效益反馈循环的开发团队。如果你的团队采用这其中的某一种策略，那么在与工程团队一起审核故事时，你需要将预期的开发工作和替代方法作为明确的讨论点。

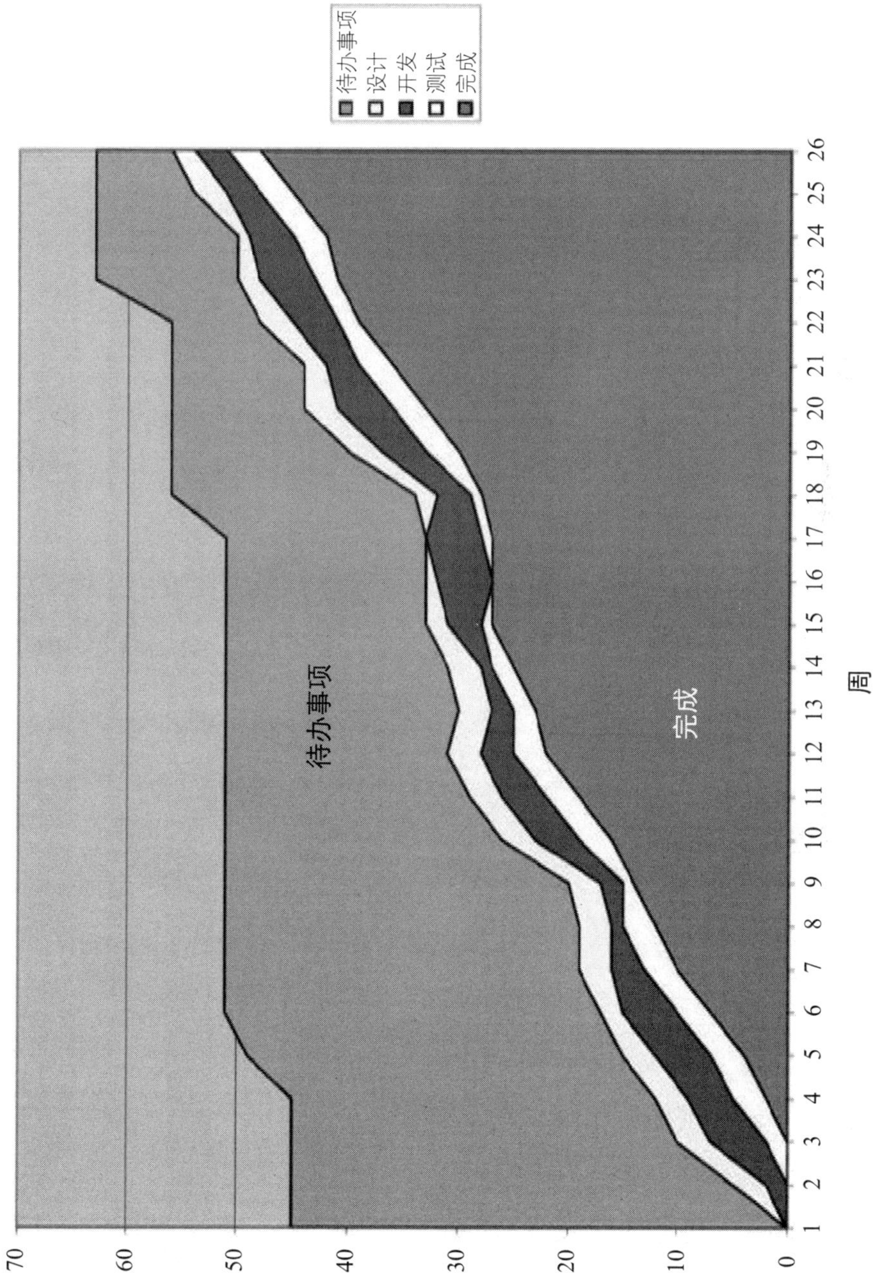
待办事项
设计
开发
测试
完成
待办事项
完成
事项
周
0 10 20 30 40 50 60 70
1 2 3 4 5 6 7 8 9 10 11 12 13 14 15 16 17 18 19 20 21 22 23 24 25 26

图8.4 累积的流量图

第9章

结论

敏捷成功的基础已经奠定。你现在应该了解敏捷开发的工作原理及它对产品经理的要求。本章是最后一章，旨在提供有关敏捷的更多背景信息，并回顾本书中最重要的经验教训。

过程成熟度与敏捷

能力成熟度模型集成（Capability Maturity Model Integration，CMMI）是卡内基梅隆大学软件工程研究所软件开发的最佳实践过程模型。它用五个阶段来定义公司过程的成熟度（见图9.1）。第一个阶段，也是最不成熟的阶段，是无序的。许多初创企业都处于这一阶段，一些大公司亦如此。在无序阶段中，环境不可预测，团队成员持被动心态，团队成功靠团队成员的英雄主义。处于第二阶段的公司更先进，包含了需求管理和质量保证。虽然向前迈出了一大步，但第二

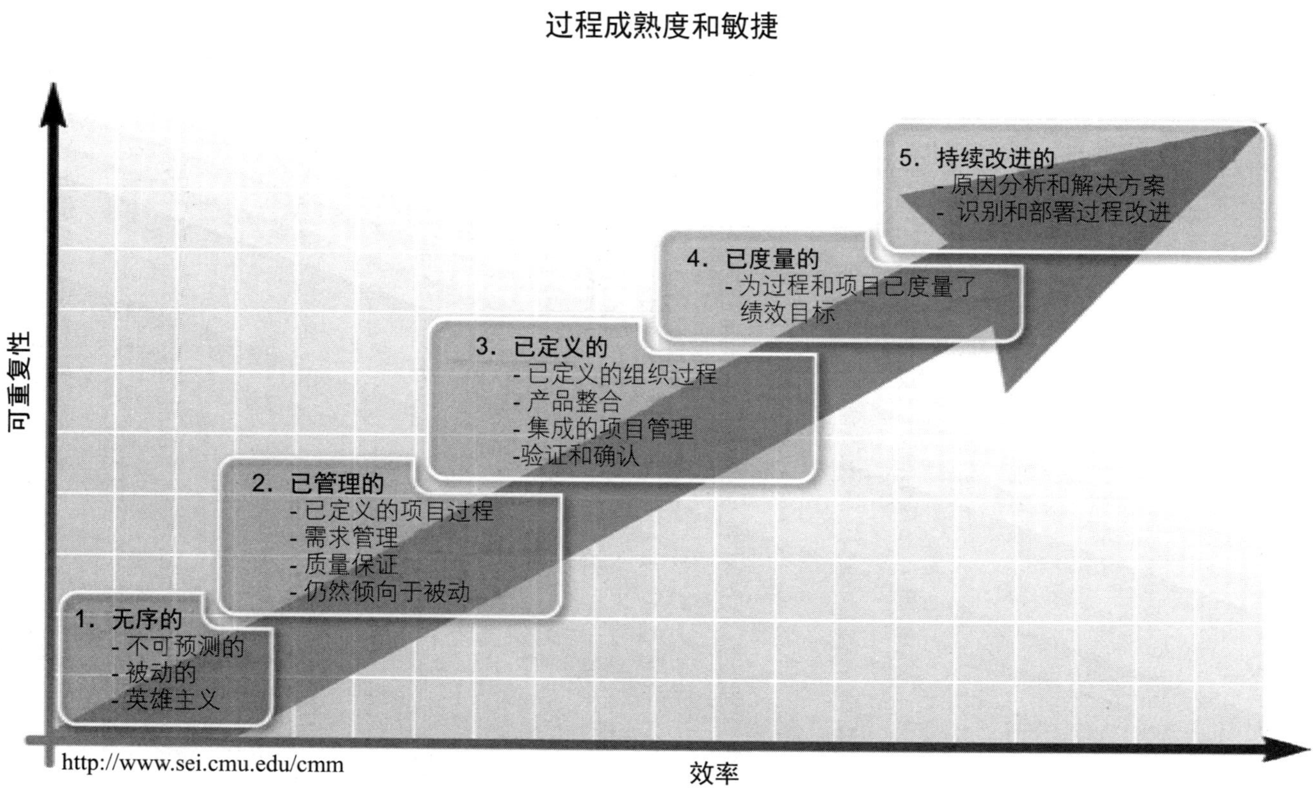

图9.1 CMMI过程成熟度模型

阶段的团队成员仍然持被动心态。在第三阶段，公司已经定义跨项目的过程，并且管理多个相互依存的项目。该阶段的公司通常拥有共享平台和组件的产品。而且，除了质量保证，公司还对用户需求进行实际的验证（与客户进行验收测试）。在第四阶段，对过程进行了重要的测量或检测。在第五阶段，公司系统地遵循标准过程进行持续改进。

实施CMMI的公司可能会重视过程胜于重视个人。在这种情况下，有一个合理的担忧，即当目标是过程，或更糟糕的，是认证时，可能会出现类似于ISO 9000 所发生的情况。ISO 9000是质量管理标准。但是，从客户的角度来看，ISO认证并不能确保高质量或让客户感知到产品的完整性。它简单地证明了公司已经完整记录了其系统和过程，并且能够始终如一地生产产品，不会有变化。

毫不奇怪，关于CMMI 与敏捷的兼容性存在很多争议。敏捷阵营认为CMMI过于僵化而且是过程驱动的，CMMI阵营认为敏捷太特别。尽管如此，两者的共同点还是比差异要多。最重要的是，敏捷方法不是无序的，而是精心设计的过程，经过优化以适应不确定性。从CMMI角度来看，像极限编程这样的方法最大的缺点是没有书面文档，因为极限编程中的大多数文档都是口头交流或通过代码编写。如果你也这样看待极限编程，可以通过使用软件工具记录故事并提供可追溯性，来克服这些缺点。

使用CMMI的公司仍然应该能够使其与敏捷开发有效地协同工作。Systematic是一家拥有500名员工的独立软件和系统公司，它使用CMMI在项目级别进行规划和跟踪，并使用敏捷在迭代级别进行规划和跟踪。产品待办事项充当CMMI和敏捷之间的接口。Sprint 审核为项目级跟踪提供反馈。Systematic推出了一个每两周安排一次的15分钟风险管理会议，报告已知风险的状态并识别任何新风险。他们还设置了定义和清单来展示Sprint已完成及产品待办事项中的故事已准备就绪。产品负责人负责确保产品待办事项列表中的故事准备就绪。[1]遵循CMMI可能会给敏捷增加额外的开销，但可以提高过程改进的效率和可重复性。

敏捷开发的最佳选择

我经常被问到，对于不同类型的产品和项目，哪种敏捷方法是最佳的。我害怕被问到这个问题，并尽力避免回答，因为敏捷方法的选择依赖很多变量，包括产品类型、生命周期阶段、公司文化、法规及团队成员的技能和个性。此外，这些敏捷方法无法直接比较。这类似于把苹果和橙子进行比较。极限编程描述了很多关于如何开发的内容，如结对编程、编码标准等，而Scrum更像一种可以广泛应用于不同开发策略的项目管理方法。同样，自适应软件开发（Aclaptive Software Development，ASD），作为指导高速度、高变化软件项目开发的框架，强调速度和灵活性。[2]因此，简单地建议使用哪种敏捷方法是有挑战性的。

---

1 克里斯汀·鲁森·雅各布森（Carsten Ruseng Jakobsen）和杰夫·萨瑟兰（Jeff Sutherland），“Systematic 成熟的 Scrum”（*Mature Scrum at Systematic*），《方法与工具》杂志第 17 卷，第 3 期（2009 年秋季）。

2 M. A. 阿瓦德（M. A. Awad），“敏捷与传统软件开发方法论的比较”（*A Comparison between Agile and Traditional Software Development Methodologies*），西澳大利亚大学博士学位论文，2005 年，第 15 页。

公司已经将极限编程进行扩展和改变，用于大约100人的大型团队，将Scrum扩展到用于数百人的团队。敏捷方法的边界是流动的，并且每种方法都会根据不同问题进行权衡。请将表9.1作为探索不同敏捷方法的粗略指南和起点。这是一种粗略的比较。尽管如此，如果你想知道哪种方法最适合你的情况，我希望表9.1有助于你理解每种方法的特点，以及哪种方法最适合你。

表9.1 不同敏捷方法的比较

	团队	复杂性/依赖性	需求	文化	发布时间
极限编程	小型	低等到中等	动态的	授权的	快
Scrum/精益	小型到中型	中等	动态的	授权的	快
FDD	中型到大型	中等/高	适度的变更	授权的	中等
AUP	中型到大型	高	适度的变更	命令和控制	中等/长
传统的	大型	高	稳定	命令和控制	长

组织敏捷权衡

对于小型的、快速变化且具有快速发布周期的项目，敏捷是一种合理的选择。许多Web服务就是完美的例子。随着项目规模越来越大，会有更多的开发人员、更多的接口，以及更多与其他系统的依赖关系。团队通常也会更加分散。这种增加的复杂性增加了更多的定义时间和前期的规划，以及项目结束时的测试和验证。

- 如果你的市场受到监管，或者你的产品在关键任务环境中被使用，那么你需要生成更多文档，执行更全面的测试，进行正式检查，并支持变更控制和可追溯性。

- 如果你在高度命令和控制的文化中工作，管理层将需要以上所有项，还要有甘特图，使其可以感知到对项目的控制。向他们展示工作软件的常规增量，也许可以说服他们甘特图并没有增加价值，但是不要指望这一点。
- 如果你的产品是其他公司产品的组成部分（如芯片组），则需要提前承诺更多的定义，因为你的客户同时也在进行开发。
- 如果从经济的角度来说，预先完全定义好架构是有意义的，因为返工确实很昂贵，在这种情况下，传统模型更受青睐，因为它意识到了延迟上市时间和适应变化的成本。
- 如果你应对的是要求定制开发的、难以对付的大客户，并且各方之间几乎没有信任，你可能需要预先指定所有内容。在这种情况下，你将更倾向于传统软件开发，至少在定义阶段，将以牺牲客户和用户满意度为代价。

最终，你需要确定什么适合你的项目、公司和团队技能。找到能让你以最高效率为客户提供最大价值的方法。确定你需要处于图9.2中敏捷与传统软件开发的什么位置，以及你希望如何实现敏捷。无论你从哪里开始，都要不断质疑你在如下问题上的假设：开始开发解决方案需要多少定义，如何在你获得最佳信息时将决策推迟到最后负责的时刻，以及如何保持自己的灵活性，以适应工作和竞争的动态市场。

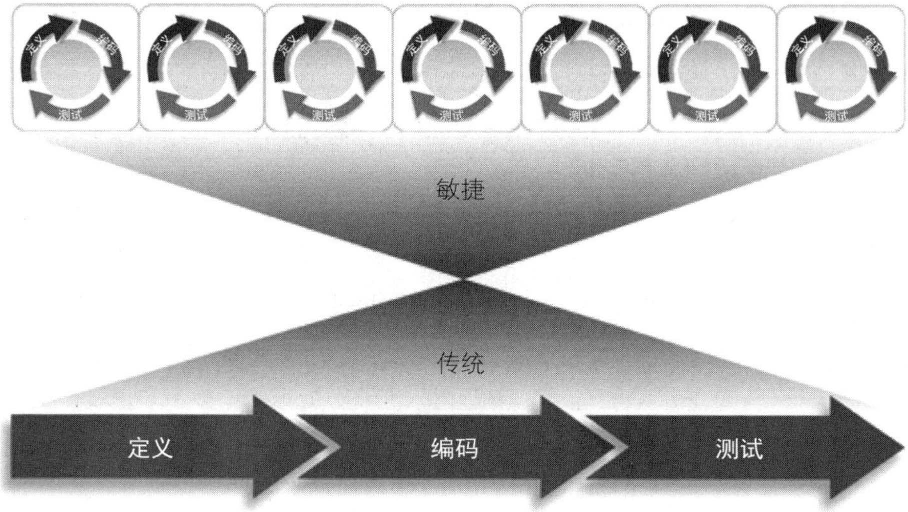

图9.2 组织敏捷的权衡

敏捷产品管理回顾

让我们快速回顾一下，以总结如何将所有部分整合在一起，来成功实现敏捷产品管理。

1 无论采用哪种开发方法，你都必须制定合理的产品战略，为你的路线图提供支持。一旦制定了产品战略，接下来就要规划战略、路线图，说明你要如何实现产品愿景。

2 将路线图进行拆分并构建产品待办事项列表，为列表顶部或60～90天的需求添加更详细的信息。如果你的路线图有12个月，因为你有发布周期更长的产品，那就只用约70%的预期速度来预测待办事项，并保留30%以适应变化和不确定性。通过这样做，你将不得不删除成员认为重要的东西，从而避免让他们失望。

3 将待办事项映射到Sprint，将Sprint映射到发布。在每次迭代开始时，与你的开发团队合作，最终确定内容并设置Sprint的目标。此外，至少每个季度重新审视你的产品战略，每个月重新审视你的路线图。这些都是动态文档。

4 成功完成第一个Sprint后，确定你的节奏，以完成大约120天的迭代工作。如果你用的是30天的Sprint，你可以同时进行4次迭代。因此，往前推两次迭代，向客户收集关于即将推出的特性和优先级的反馈。往前推一次迭代，与你的客户验证设计。在当前的迭代中，要支持开发团队，而在刚刚完成的迭代中，与你的客户一起验证可工作的软件。记得在产品待办事项列表中要有一些“常青”特性。这些是技术上很难但很少或根本不需要产品管理团队输入的重要特性。当你遇到待办事项需要比预期更长的时间才能最终确定其细节时，“常青”特性就有用了。

利用所有敏捷工具（见图9.3）。产品待办事项列表不仅是需求的优先级列表，也是向团队和其他利益相关者传达优先级的好方法。将需求记录为用户故事，这些故事是与开发团队进行对话的占位符，并且每次迭代都很容易重新确定优先级。跟踪完成的故事数量并计划下一次迭代。使用故事点和任务时间的燃尽图来跟踪和调整发布及每次迭代。定期花一小时创建价值流图，以确定组织在产品管理、开发和部署过程中有待改进的地方。特别是，寻找围绕交接、批准、质量保证和文档的约束。

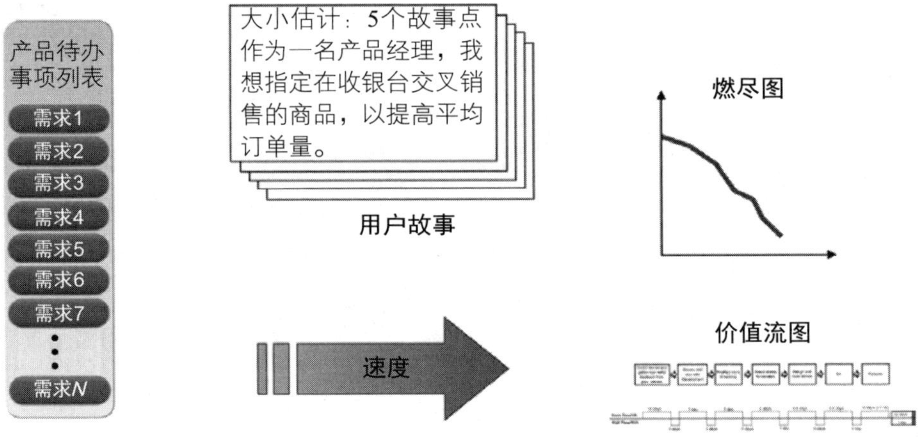

图9.3 产品经理的敏捷工具

领导力

我们需要理解本书介绍的敏捷产品管理的机制。但是，我能给出的关于如何才能成功的最重要的一条建议与敏捷无关。记住，要去领导。我从敏捷开发人员那里听到的关于产品经理（和产品负责人）的最大抱怨，是他们没有当好领导和设定愿景。换句话说，并不是需求过于模糊或没有通过重要的接收测试，而是产品经理的领导不能令人信服。那么，应该如何领导呢?

明确愿景——始终着眼全局，让团队和利益相关者关注目标并正确地确定优先级。团队中的每个人都应该了解全局目标。

成为专家（产品、市场、客户、开发）[1]——你是人们在这些领域有问题时首先会选择的人，这意味着你需要花时间在现场和客户一

1 伊冯·琼（Ivon Chong），“产品管理领导力”（*Leadership in Product Management*），2003 年 5 月 7 日于硅谷产品管理协会的月度会议上发表的论文。

起，培养专业技能。要让团队始终可以找到你，这很有挑战性，你必须做到这一点。但是，如果你不是专家，那么对于团队你不会显得那么有价值。因此，最好能为团队提供一些有价值但很难找到的东西，而不是相反。

做出艰难的权衡取舍——领导的一部分工作是做出艰难的、没有其他人想做或应该做的决定。这些必须是有信息依据的决定，你需要让团队和利益相关者理解这些决定，以便他们尊重这些决定。你要避免被视为是任意决定的。但是，你的工作是平衡相互竞争的优先事项，这需要进行艰难的决定。你不能总是取悦所有人。从积极的一面来看，有了敏捷，你可以为你的成员提供更多的灵活性，并通过更好的信息做出决策。

保护团队——保护团队免受干扰并尊重迭代。你负责产品待办事项列表和优先级。如果利益相关者不同意团队的工作计划，那么他们就不应该进行最终操作。他们需要通过你。敏捷适用于具有范围蠕变的发布，但迭代不适用。要避免诱惑。最后，要将成功归于团队而对失败负责。这将赢得团队的尊重和忠诚。

诚信行事——这一点应该是不言而喻的，只需要说敏捷需要团队成员之间的强烈信任，不需要进一步扩展。如果团队不信任你，认为你对团队不坦诚直接，那么你将很难获得成功。这个建议也适用于你的整个职业生涯和个人生活。

激励身边的人——要有激情。要有热情。努力工作。产品待办事项列表不会激励你的团队。你需要说出他们应该得到激励的原因。你还需要知道何时退后一步。你的工作是建立愿景并为团队设定目标。

你要为团队提供待解决的问题，然后赋予他们解决问题的自由。

做好领导工作，是你成为成功的产品经理所能做的最重要的事情。

可见性、灵活性与质量

最后，我想重申为什么敏捷有利于产品管理。敏捷通过故事点、速度、燃尽图和频繁交付可工作的软件，使每个发布的进度清晰可见。敏捷通过自动化单元测试——理想情况是在编码之前编写，根据用户标准进行验收测试，以及尽早与客户进行验证，来确保产品质量。此外，用于修复错误的时间减少了，从而允许更多的资源用于新的开发。最后，敏捷提供了一种新的灵活性，能够在整个发布周期的每次迭代之前重新确定优先级。我们可以轻松地将新的需求和客户的需要纳入其中，并做出更有信息依据的决策。

本书绝不应该是你的敏捷教育的终结。现有的许多资源可以利用，其中一些资源列在附录B中。最佳实践仍在不断涌现，敏捷需要针对每种情况进行调整。请参阅“敏捷卓越产品管理框架”（见图9.4），专注于成为一名优秀的领导者，提醒自己注意敏捷的指导原则，并了解如何在战略和战术活动之间转移，以便将成功的产品推向市场。可在http://www.agile-excellence.com 上下载完整版本及其他材料和模板。进入网站后，将鼠标停在导航菜单上的“书籍（Book）”上，然后从子菜单中选择“仅对读者开放的内容”（Reader Only Resources）。用户名是“reader”，密码是“success”（全部小写且没有引号）。输入这些以获得本书的附带奖励材料。现在你正处于实现敏捷的卓越旅途中。祝你旅途愉快。

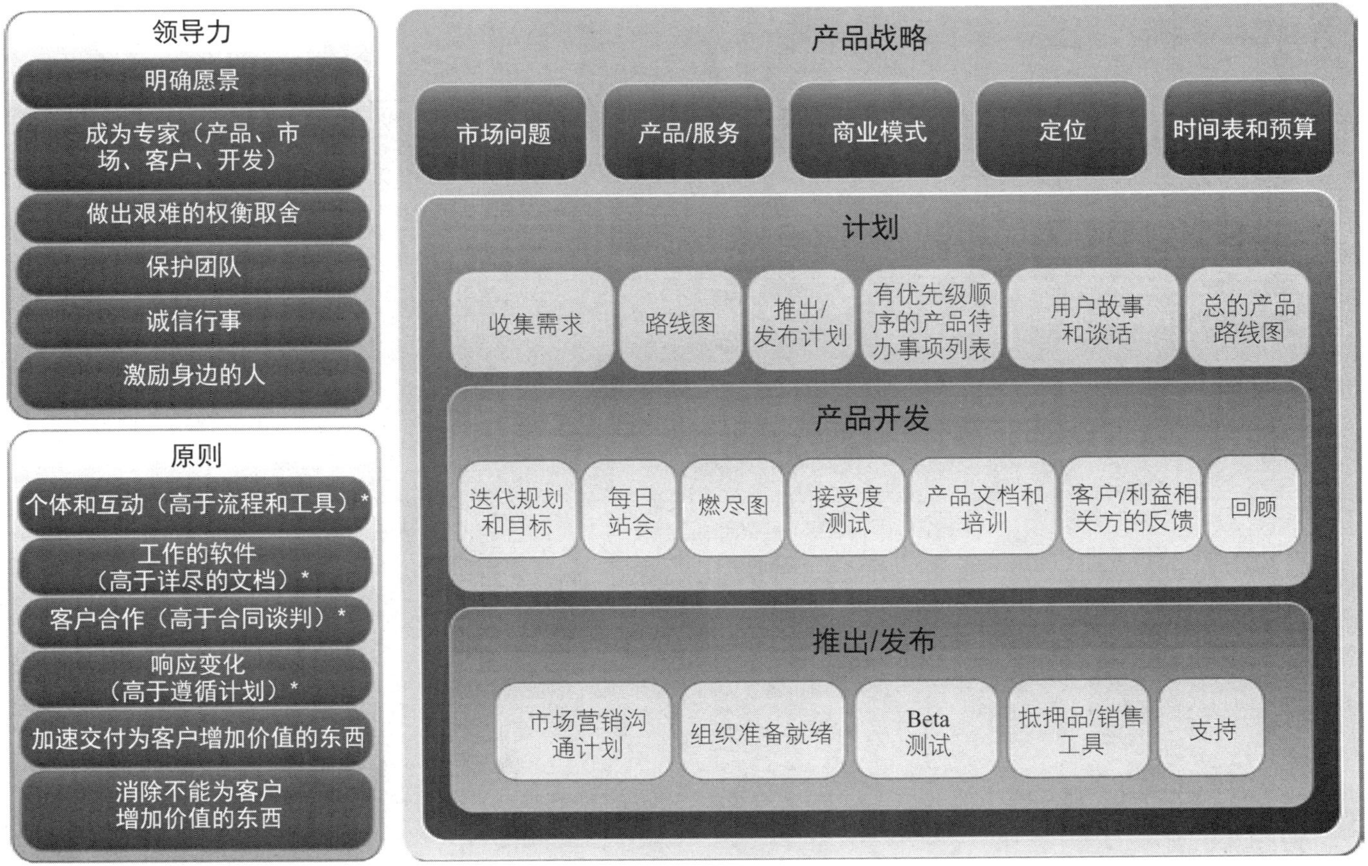

图9.4 敏捷产品管理框架

附录A 词汇表

- **验收测试**——确认软件符合用户标准并满足业务需求的测试。
- **燃尽图**——显示在迭代或发布中需要完成的工作量与时间的关系图。例如，燃尽图在发布的每次迭代开始时，映射了发布中剩余的故事点。迭代或Sprint燃尽图显示迭代中每天开始时剩余的任务小时数。
- **约束卡**——Mountain Goat Software公司的迈克·科恩（Mike Cohn）提出的记录约束要求的方法。它涵盖7个限制：性能、准确性、可移植性、可重用性、可维护性、可操作性和容量。约束要求采用不同的形式，因为它们用用户故事格式难以完全表达。
- **每日站会（每日Scrum）**——敏捷开发团队的每日状态会议，以同步和协调工作。会议持续大约15分钟。每个成员轮流回答3个问题：昨天完成了什么、今天计划完成什么，以及是否遇到任何障碍。

- **极限编程（XP）**——由肯特·贝克（Kent Beck）于1996年开发的一种轻量级敏捷开发方法，可在面对模糊和快速变化的需求时快速提供价值。
- **调整产品待办事项列表**——更新产品待办事项列表的过程，包括添加新需求（或故事）、重新确定需求的优先级、向需求添加详细信息，以及将大的需求划分为更小的需求。
- **迭代（Sprint）**——迭代或Sprint是一个时间框，通常持续1~4周，这将为团队设定节奏，包括定义、编码和测试。每次迭代结束时的可交付成果（迭代0除外）是理想情况下可交付的工作软件。Scrum定义了Sprint的四个阶段：计划、开发、审核和回顾。
- **迭代0**——迭代0在启动项目时进行，以允许设置开发环境、为产品待办事项列表编写故事卡，以及测试用户界面和原型。它与标准迭代的不同之处在于不交付可工作的软件。
- **看板**——源自精益制造，用于精益软件开发，看板是一种信号系统，传统看板以卡片为基础，用于表示某项要求。看板用于减少库存队列和正在进行的工作。在制造过程中，卡片代表对下一批工作所需零件的要求。在软件中，卡片表示工作单元，如一个特性。当卡片移动通过任务板的不同阶段时，当它从一个阶段或队列中移除时，便是添加下一项的信号。例如，产品管理可能允许在队列中有5个特性待开发。当开发人员从队列中获取某个特性以开始设计工作时，它会留下一个空槽。产品经理在看到队列中只有4个特性后，会将产品待办事项列表中的下一个特性添加进来。

- **精益软件开发**——一种敏捷开发方法，由玛丽·帕彭迪克和汤姆·帕彭迪克根据丰田的精益制造理念进行调整。它有7项原则，最重要的是消除浪费，包括正在进行的工作（尚未发布给客户的任何工作）、额外流程、等待、缺陷等。
- **最小可市场化特性（MMF）**——必须开发的最小特性，以使该特性对用户有用和可用。MMF是分割开发和定义发布要求的重要概念。
- **规划游戏**——极限编程的12个核心实践之一，用于通过平衡业务优先级和技术估算来设置下一发布的范围。产品经理决定优先级并平衡范围和日期，同时开发人员负责估算、过程、技术结果和开发的详细计划。
- **计划会议（Sprint计划）**——此会议用于启动迭代。产品经理或产品负责人可以促进会议设置迭代的目标，对产品待办事项列表的优先级进行最终的调整，并根据优先级、估计的大小和团队的速度确定将构建哪些需求。在Scrum中，在第二次计划会议时讨论如何开发以满足需求。
- **产品待办事项列表**——需求和特性的列表，通常按用户故事编写，按业务价值排列优先级。产品待办事项列表由产品经理或产品负责人维护。
- **产品负责人**——产品负责人代表Scrum团队的客户。他负责管理产品待办事项列表，特别是需求的优先级，并回答团队的问题。他促进了Sprint计划会议和目标设定。他还负责在组织内部显示产品待办事项列表。
- **产品需求文档**——记录产品发布需求的传统产品管理文档，包括项目目标、时间表、假设、约束（如兼容性、安全性和可伸缩性）、假设和未解决的问题等。

- **产品路线图**——见路线图。
- **产品战略**——产品战略确定产品的方向，包含产品愿景、市场问题和机会、产品或服务的描述、商业模式、产品定位、时间表和预算。
- **产品愿景**——易于表达的高层次的策略，涵盖目标客户及其痛点，以及如何形成解决方案以解决该问题。
- **发布**——经过全面测试、记录和支持的产品版本，可能包含多个工作迭代，可投入生产或供客户使用。
- **发布计划**——发布计划提供发布的概述，并确定使发布成功所需的协调工作。它应包括发布的主旨和主要特性、关键里程碑的时间表、职责和责任、依赖关系、消息、风险和缓解措施、目标和成功的度量手段。如果发布是大的可市场化事件，则还要包括推出发布的活动。
- **发布规划**——发布规划是一个多步骤的过程，用于确定每个发布中将包含哪些需求。首先是制定产品路线图并将其划分为发布（如果路线图尚未具有此层次的详细信息）；至少为当前发布创建相应的产品待办事项列表；然后通过迭代将产品待办事项列表映射到发布中。发布规划考虑了主要的议题、所需的最小特性、关键日期及市场吸收新特性的能力。
- **回顾会议（Sprint回顾）**——每次迭代后，团队聚在一起开会，回顾哪些方面进展顺利、哪些方面可以改进，以便持续地确定更好的工作方式。

- **评审会议（Sprint审核）**——每次迭代后的一次信息会议，以便团队向利益相关者展示在上一次迭代期间构建的内容。本次会议重点介绍了迭代过程中所完成的工作，并为下一次计划会议提供了必要的背景。
- **路线图**——产品经理使用了许多不同类型的路线图。最常见的是产品路线图。产品路线图涵盖了产品特性或功能何时可以使用。其他类型的路线图包括跨产品、技术、市场节奏（例如，Intuit的TurboTax®产品的发布周期由税收季节驱动）和竞争力。本书涉及产品路线图和跨产品路线图。
- **Scrum**——是由杰夫·萨瑟兰（Jeff Sutherland）、肯·施瓦博（Ken Schwaber）、迈克·比德尔（Mike Beedle）等提出的一种敏捷方法。需求保存在已确定优先级的产品待办事项列表中，工作在短的定义、代码和测试的迭代——称为Sprint——中完成。每个Sprint都有4个阶段：计划、开发、审核和回顾。工作是由包括产品负责人和Scrum大师在内的一个自组织的团队完成。
- **多个Scrum的Scrums会议**——Scrum 大师的会议，用于协调相互依赖或共享公共资源的多个项目。它类似于每日Scrum（每日站会），但每周召开一次或两次。
- **Scrum 大师**——Scrum 大师制定决策并消除障碍，使团队保持最高生产力。Scrum 大师负责规划Sprint并主持每日站会及评审和回顾会议。
- **尖峰（Spike）**——如果开发团队需要进行研究才能前进（例如，探索多种技术、测试不同的材料等），则会创建尖峰。这是一个包含在迭代中的、有时间限制的研究性故事，但不会产生可工作的软件。

- Sprint——请参阅迭代。
- **Sprint 待办事项**——开发团队创建满足需求所需的一组任务，来完成为即将到来的迭代所选的故事。这一组任务成为Sprint待办事项。
- **Sprint计划**——参见计划会议。
- **Sprint评审**——参见评审会议。
- **Sprint回顾**——参见回顾会议。
- **故事卡（用户故事）**——需求被记录在故事卡上，故事卡通常是真实索引卡，以确保简洁。需求应该是高层次的，只需要足够的细节，以便开发人员能够粗略估计其大小。故事卡是一个占位符，用于产品经理和开发人员之间更进行详细的对话，以及探索完整的需求。
- **故事点**——开发团队使用故事点的相对度量来估计每个故事卡的开发工作量。因此，开发一个10个故事点的特性预计要花的时间，将是开发一个5个故事点的特性所需时间的2倍。通过计算迭代中完成的故事点数，团队可以确定其速度。
- **系统质量卡**——由瑞安·施赖弗（Ryan Shriver）开发的、记录系统质量要求（系统在执行功能上做得有多好）的一种方法。
- **任务**——开发团队接受故事卡上的需求，并将其分解为满足需求所需的开发步骤。任务通常代表4～16小时的工作。

- **任务板**——任务板包括故事卡和任务卡，以显示迭代期间的工作进展情况。故事卡从最左边的“待办事项”列开始。当故事卡被处理时，它被移动到“编码”列，然后移动到“测试”列，最后移动到“完成”列。也有模仿真实任务板的虚拟任务板。
- **测试驱动开发**（Test Driven Development, TDD）——一种软件开发技术，开发人员编写一个或多个自动化测试，记录所需的新特性，然后为特性开发代码。测试通过后，开发人员知道代码按预期工作。
- **单元测试**——单元测试是由开发人员编写的低级测试，用于测试代码并确认其按预期工作。单元测试可使团队避免代码中的缺陷累积，并确保每次迭代和新的需求不会破坏系统。
- **速度**——速度是衡量团队吞吐量的指标，通过在每次迭代结束时计算完成的故事点来确定，然后根据速度来规划未来的迭代并估计发布日期。

附录B 资源

这里所列的资源仅限于敏捷主题。在本书的网站（http://www.agile-excellence.com）上列出了通用的产品管理资源。该网站还有其他仅对读者开放的内容。

1 卓越敏捷的在线资源

http://www.agile-excellence.com

要访问仅对读者开放的内容，将鼠标放在导航栏的“书籍”菜单上，然后从子菜单中选择“仅对读者开放的内容”。在提示框中输入用户名“reader”和密码“success”。

加入“精益产品管理”（Lean PM）Yahoo!群的讨论，可获得将精益和敏捷思维应用到产品管理上的最新开发信息。

2 网站

– http://www.agilealliance.org

– http://www.scrumalliance.org

– http://www.scrum.org

– http://www.limitedwipsociety.org/

– http://www.rallydev.com

3 Yahoo!群组

– leanpm（卓越敏捷的讨论群）

– Agile-ANN

– Agileproductmanagement

– agile-usability

– extremeprogramming

– kanbandev

– leanagile

– scrumdevelopment

4 书籍

– Beck, Kent. 'Extreme Programming Explained: Embrace Change. ' Indianapolis: Addison-Wesley Professional, 2000.

– Cohn, Mike. 'Succeeding with Agile: For Agile Software

Development. ' Indianapolis: Addison-Wesley Professional, 2009.

– Cohn, Mike. 'User Stories Applied. ' Indianapolis: Addison-Wesley Professional,2004.

– Denne, Mark and Cleland-Huang, Jane. 'Software by Numbers: Low-Risk, High-Return Development. ' New Jersey: Prentice Hall, 2003.

– Ladas, Corey. 'Scrumban—Essays on Kanban Systems for Lean Software Development. 'Seattle: Modus Cooperandi Press, 2008.

– Locher, Drew A. 'Value Stream Mapping for Lean Development: A How-To Guide for Streamlining Time to Market. ' New York: CRC Press, 2008.

– Pichler, Roman. 'Agile Product Management with Scrum: Creating Products that Customers Love. ' Indianapolis: Addison-Wesley Professional, 2010.

– Poppendieck, Mary and Tom Poppendieck. 'Lean Software Development: An Agile Toolkit. ' Indianapolis: Addison-Wesley Professional, 2003.

– Schwaber, Ken and Mike Beedle. 'Agile Software Development with Scrum. 'New Jersey: Prentice Hall, 2008.

– Schwaber, Ken and Jeff Sutherland. Scrum Guide (November 2009),http://www.scrum.org/scrumguides.

- Shalloway, Alan, Guy Beaver, and James R. Trott. 'Lean-Agile Software Development: Achieving Enterprise Agility. ' Boston: Addison-Wesley Professional, 2010.
- Womack, James P. and Daniel Jones. 'Lean Thinking: Banish Waste and Create Wealth in Your Corporation. ' New York: Free Pre.